Novos paradigmas
para a sustentabilidade
e a segurança alimentar

Organização

Luís Augusto Barbosa Cortez
Sergio Luiz Monteiro Salles Filho

Novos paradigmas para a sustentabilidade e a segurança alimentar

Tradução

Beatriz Marchesini

EDITORA UNICAMP

SISTEMA DE BIBLIOTECAS DA UNICAMP
DIVISÃO DE TRATAMENTO DA INFORMAÇÃO
Bibliotecária: Gardênia Garcia Benossi – CRB-8ª / 8644

N859 Novos paradigmas para a sustentabilidade e a segurança alimentar / organizadores : Luís Augusto Barbosa Cortez e Sergio Luiz Monteiro Salles Filho ; tradutora Beatriz Marchesini – Campinas, SP : Editora da Unicamp, 2025.

Tradução de: *Nuevos paradigmas para la sustentabilidad y la seguridad alimentaria.*

1. Agricultura. 2. Inovação. 3. Sustentabilidade. 4. Segurança alimentar. I. Cortez, Luís Augusto Barbosa, 1957-. II. Salles-Filho, Sergio, 1959-. III. Marchesini, Beatriz. IV. Título

CDD – 630
– 630.285
– 631.58
– 363.8

ISBN 978-85-268-1793-7

Foi feito o depósito legal.

Editora associada à

Associação Brasileira das Editoras Universitárias

Direitos reservados a

Editora da Unicamp
Rua Sérgio Buarque de Holanda, 421 – 3º andar
Campus Unicamp
CEP 13083-859 – Campinas – SP – Brasil
Tel.: (19) 3521-7718 / 7728
www.editoraunicamp.com.br – vendas@editora.unicamp.br

Agradecimentos

Os autores deste livro agradecem a dedicação da secretária-executiva da Rede Innovagro, María José Elizarrarás, do Instituto Interamericano de Cooperação para a Agricultura (Iica), por sua eficiência e grande ajuda para tornar possível este trabalho.

Agradecemos também às instituições que participaram e cooperaram direta ou indiretamente na elaboração deste livro e, ainda, a cada um dos membros, à Comissão Executiva e a toda a Rede Innovagro pela cooperação, pelo compromisso e pelo conhecimento, que contribuem, em conjunto com esta publicação, para a construção de uma agricultura mais sustentável.

Sumário

Lista de figuras, gráficos, tabelas e quadro

Figuras

Gráficos

Tabelas

Quadro

Prefácio

Foi com grande satisfação que a Universidade Estadual de Campinas (Unicamp) se uniu à Rede de Gestão da Inovação no Setor Agroalimentar (Rede Innovagro) para organizar este livro, impresso em português e com versão em espanhol, pela Editora da Unicamp.

Os capítulos aqui reunidos têm como pano de fundo dois dos maiores desafios à frente da sociedade contemporânea, cujo enfrentamento está incluído, em ambos os casos, entre os 17 Objetivos de Desenvolvimento Sustentável (ODS) da Organização das Nações Unidas (ONU). Trata-se do combate à mudança climática, tema do ODS 13, e da eliminação das profundas desigualdades existentes no acesso de diferentes populações a alimentos, expressa pelo ODS 2.

Vistos em conjunto, os textos não apenas sublinham que a inovação no setor agrícola é um elemento fundamental para a superação dos dois desafios mencionados, como também evidenciam a oportunidade única para os países da América Latina e do Caribe assumirem o protagonismo dessas ações. Não faltam, nas páginas a seguir, exemplos bem-sucedidos na região da atuação conjunta de instituições públicas e privadas visando à transformação social, ambiental e econômica dos sistemas agroalimentares em que elas estão inseridas.

Esperamos que as reflexões feitas e os numerosos casos relatados nesta obra sirvam de inspiração para o surgimento de novas iniciativas, nas mais diferentes regiões do mundo, que tenham como principais objetivos estimular a produção agrícola sustentável e erradicar a insegurança alimentar entre as populações mais vulneráveis.

Em nome da comunidade acadêmica da Unicamp, reitero a nossa alegria em compartilhar este projeto com a Rede Innovagro, sob a liderança dos professores Luís Augusto Barbosa Cortez e Sergio Luiz Monteiro Salles Filho. Desejo a todos uma boa leitura!

Antonio José de Almeida Meirelles
Professor da Faculdade de Engenharia de Alimentos
da Universidade Estadual de Campinas (FEA/Unicamp).
Foi reitor da Unicamp de abril de 2021 a abril de 2025

Apresentação

Este livro é fruto da iniciativa da Universidade Estadual de Campinas (Unicamp) de compartilhar conhecimento com os leitores, cujo germe são as contribuições de especialistas de renome internacional sobre os novos paradigmas para a sustentabilidade e a segurança alimentar, após sua participação em um seminário internacional de mesmo nome, organizado pela Rede de Gestão da Inovação no Setor Agroalimentar (Rede Innovagro), que orgulhosamente presido. Eu o celebro e agradeço.

A Rede Innovagro é uma plataforma de inovação agroalimentar promovida há mais de 13 anos pelo Instituto Interamericano de Cooperação para a Agricultura (Iica) com o objetivo de estabelecer vínculos entre seus membros e fomentar a inovação agroalimentar em diversos países. Como todos sabemos, o setor agroalimentar é prioritário e estratégico, com múltiplas realidades, e que não só fornece alimentos, como também fixa a população no território e é o motor econômico das zonas rurais.

Nosso interesse é divulgar e facilitar a incorporação de novas e diferentes visões de inovação na agricultura, na pecuária e na agroindústria. Podemos, por exemplo, diferenciar entre agricultura de grande e de pequena escala, a predominantemente comercial da familiar, mas é condição fundamental que nossa agricultura respeite o meio ambiente e contribua positivamente para mitigar os efeitos das mudanças climáticas.

Este livro também representa uma aliança para avançar na construção de uma rede que priorize a comunicação nas línguas espanhola e portuguesa a fim de propiciar o intercâmbio entre universidades, centros de pesquisa, administração pública, setor produtivo e outros agentes do setor agroalimentar, e de tornar visível como os ecossistemas de inovação podem ser dinamizados em favor da sustentabilidade.

Em qualquer caso, é essencial alcançar a sustentabilidade no sentido amplo da palavra: social, ambiental e econômica – por isso, o compromisso com a inovação. Acreditamos que o caminho é compartilhar experiências e estimular alianças estratégicas, e nossa rede é um veículo que busca contribuir a atingir tal objetivo.

Manuel Torralbo Rodríguez
Presidente da Rede Innovagro e reitor
da Universidade de Córdoba, Espanha

Introdução

A agricultura na América Latina é, como sabemos, muito diversificada. Isso ocorre por razões de diferentes latitudes, geografia e também por condições econômicas. Antes da chegada dos europeus, a prática da agricultura era radicalmente diferente da atual. As culturas pré-colombianas mais avançadas – os astecas, os maias e os incas – cultivavam suas terras usando sistemas de irrigação, sobretudo com canais, ao passo que os outros grupos indígenas que ocupavam grande parte do continente latino-americano praticavam basicamente o extrativismo, a caça e a pesca. Assim como as populações foram transformadas ou eliminadas, o mesmo aconteceu com suas respectivas agriculturas. Ainda assim, pode-se dizer que muito foi preservado ou adaptado na agricultura moderna.

No México, por exemplo, grande parte da dieta é baseada no milho. Além do milho, o país é um grande produtor e exportador de frutas e vegetais frescos produzidos com modernas tecnologias de estufa, usando água de forma sustentável. O Chile é outro caso muito interessante, pois muitas de suas atividades agrícolas são voltadas à exportação. É possivelmente, na América do Sul, o país que mais agrega valor aos seus produtos e que mais consegue levar a marca Chile ao destino final. O Brasil, o país com maior população e área, é um grande produtor e exportador de alimentos, porém, mais tipicamente, como *commodities*, o que representa um grande desafio a ser superado.

As contribuições alimentares da América Latina também foram e continuam sendo importantes para o mundo todo. Desde o início da colonização, o açúcar permitiu desenvolver a agricultura em grandes extensões de terra (*plantations*) e produzir alimentos em larga escala para exportação.

A batata do Peru que foi levada para a Europa foi usada para combater a fome. E especialmente a partir do século passado, Argentina, Paraguai e Brasil entraram em cena com grandes volumes de grãos e carnes para a Europa e a

Ásia. Em contrapartida, a Espanha é atualmente um grande produtor e exportador de vegetais frescos para toda a Europa. Estima-se que um terço de todo o consumo de vegetais frescos comercializados na Europa seja originário da região de Almeria.

Os tempos atuais apresentam outros desafios além da agregação de valor. A sustentabilidade, a produção agrícola com uso mínimo de insumos e as mudanças climáticas são temas importantes para os produtores rurais, sobretudo para os latino-americanos, devido a questões de renda. A segurança alimentar ainda é um problema crônico na região, e deve ser enfrentado com determinação.

Este livro, organizado pela Rede de Gestão da Inovação no Setor Agroalimentar (Rede Innovagro) e pela Universidade Estadual de Campinas (Unicamp), apresenta exemplos de como está a agricultura em alguns de nossos países, o papel dos setores público e privado nesse cenário e também quais são os principais desafios e dificuldades neste século XXI. Vários desses trabalhos foram apresentados no Seminário Internacional do XIII Encontro da Rede,[1] que aconteceu na Universidade de Zamorano, Honduras, entre 27 e 28 de novembro de 2023.

1 Cf. <http://www.ceia3.es/es/agenda-y-eventos/xiii-encuentro-de-la-red-innovagro-2023/>.

1

O papel da Unicamp em agricultura, inovação e sustentabilidade

Roberto Donato da Silva Júnior
Antonio José de Almeida Meirelles

Introdução

Campinas tem uma longa tradição de atuação no setor agrícola, destacando-se também, com muita proeminência, nas atividades de pesquisa associadas à agricultura, aos setores de serviços e industrial. De fato, é o terceiro maior polo de pesquisa e desenvolvimento do Brasil, responsável por mais de 15% da produção científica nacional. Das mais de 72 mil empresas sediadas na cidade, cerca de 570 atuam em áreas relacionadas ao agronegócio, apresentando ampla diversificação dos produtos oferecidos.[1] Mais de 21% das indústrias de alimentos e bebidas do estado de São Paulo se encontram na Região Metropolitana de Campinas (RMC).

Desde sua fundação, em 14 de julho de 1774, Campinas se firmou como um local de passagem e parada do caminho para o interior do Brasil. De fato, já no início de sua história Campinas se constituiu, no aspecto logístico, como um importante eixo de conexão da região com outras partes do estado e do país. Esse papel tem continuidade hoje, valendo destacar que a cidade conta com o maior entreposto aéreo de cargas do país, o Aeroporto Internacional de Viracopos

A atividade cafeeira assumiu um papel proeminente na economia da região na segunda metade do século XIX, com inúmeras fazendas sendo implantadas em Campinas e em seu entorno, tanto nas zonas Norte como Leste da

[1] Carbonell *et al.*, 2021.

cidade. Essas fazendas eram servidas por linhas férreas próprias, as quais chegavam até suas porteiras, facilitando o transporte do produto destinado à exportação até o porto de Santos.

Dois ramais foram implantados: o Ramal Férreo Campineiro, em 1889, ligava a cidade aos distritos de Sousas, Joaquim Egídio, indo até Cabras, com uma extensão de 31 km; já a Estrada de Ferro Funilense, com operação iniciada em 1890, conectava Campinas com o distrito de Barão Geraldo, indo até Conchal e tendo uma extensão de 93 km.[2]

A criação do Instituto Agronômico de Campinas (IAC) e do Instituto de Tecnologia de Alimentos (Ital)

A prosperidade da cafeicultura na região estimula que Dom Pedro II, imperador do Brasil, decida criar, em 1887, o Instituto Agronômico de Campinas (IAC),[3] com a denominação inicial de Estação Agronômica de Campinas.[4] A meta do instituto seria realizar as pesquisas agronômicas necessárias para o desenvolvimento das culturas agrícolas predominantes na época, como o café e a cana-de-açúcar. Tais culturas, próprias de um país tropical como o Brasil, com clima e solos diferentes dos encontrados nas regiões com agricultura então desenvolvidas, exigiam promover conhecimentos científicos e tecnológicos próprios.

Concebido para ser um centro de excelência agronômica, o IAC, a despeito de levar o nome da cidade em sua denominação, tem uma atuação que se difunde por todo o estado de São Paulo, com outros locais de desenvolvimento de suas atividades de pesquisa, como o Centro de Cana[5] na cidade de Ribeirão Preto e o Centro de Citricultura[6] em Cordeirópolis.

2 Cf. <https://ihggcampinas.org/2020/10/12/ferrovias-e-estacoes-ferroviarias-no-municipio-de-campinas/>.

3 Cf. <https://www.iac.sp.gov.br/>.

4 Cf. <https://www.iac.sp.gov.br/areadoinstituto/instituto/>.

5 Cf. <https://www.iac.sp.gov.br/centro.php?tag=7>.

6 Cf. <https://ccsm.br/>.

Figura 1.1 – Fachada do prédio original do Instituto Agronômico de Campinas (IAC).
Fonte: Página *web* do IAC.

Pouco mais de 70 anos após sua fundação, a cidade dá mais um passo para se manter como um dos principais locais do país no desenvolvimento de pesquisas nas áreas agrícola e de alimentos: em 1963 é criado o Centro Tropical de Pesquisas e Tecnologia de Alimentos (CTPTA), anexo ao IAC. Anos depois, em 1969, o centro se torna o Instituto de Tecnologia de Alimentos (Ital).[7]

O engenheiro agrônomo e pesquisador André Tosello foi fundamental na criação do CTPTA e do Ital, vindo posteriormente, a convite do reitor, professor Zeferino Vaz, a fundar a Faculdade de Engenharia de Alimentos (FEA) da Universidade Estadual de Campinas (Unicamp). Esse foi o primeiro curso criado em solo nacional com o objetivo de formar profissionais de engenharia para a indústria de alimentos. A partir de Campinas a formação em engenharia de alimentos difundiu-se pelas diversas regiões do país, possibilitando a formação de quadros e a geração de pesquisas que forneceram as bases para o grande complexo de indústrias de alimentos instalado no

7 Cf. <https://www.ital.agricultura.sp.gov.br/50anos/files/assets/basic-html/index.html#1>.

estado de São Paulo e em outras regiões do Brasil. O fundador e primeiro diretor da FEA/Unicamp, professor André Tosello, foi o personagem central do início de toda essa história.

Figura 1.2 – Vista do Instituto de Tecnologia de Alimentos (Ital).
Fonte: Página *web* do Ital.

Entre as várias realizações do IAC e do Ital, deve-se mencionar a criação, em 2015, do Agropolo Campinas-Brasil,[8] uma plataforma de pesquisa interinstitucional envolvendo também a Unicamp, o Instituto de Zootecnia (IZ), o Instituto de Biologia (IB), o Techno Park, entre outras instituições. A criação do Agropolo Campinas-Brasil inspirou-se no exemplo do Agropolis de Montpellier, na França.

Essa cooperação gerou, em 2016, um *roadmap* sobre a bioeconomia[9] do estado de São Paulo e seu potencial, destacando as principais atividades agroindustriais da região e as necessidades para o seu desenvolvimento futuro. A iniciativa contou com o apoio da Fundação de Amparo à Pesquisa do Estado de São Paulo (Fapesp) e estabeleceu os seguintes focos de atividade: (a) na agricultura propriamente dita, aqueles associados a resíduos agrícolas e urbanos, energia, reciclagem de nutrientes e fertilizantes, óleos essenciais, plantas medicinais e aromáticas, agricultura de precisão, sistema de produção animal para pecuária de baixo carbono, uso sustentável da água e à necessidade de desenvolver a bioeconomia baseada em café e citros;

8 Cf. <https://oagronomico.iac.sp.gov.br/?p=419>.

9 Carbonell *et al.*, 2021.

(b) na indústria de alimentos e em sua conexão com a saúde, o tema de ingredientes e alimentos processados funcionais, embalagens para alimentos e bebidas e tecnologias de processamento; por fim, (c) na bioenergia e na química verde, questões relacionadas a biocombustíveis avançados, especialmente para aviação e transportes pesados, à valorização do emprego de biomassa para a geração de produtos químicos e à conexão entre enzimas e química verde.

O projeto de compostagem Usina Verde foi desenvolvido com a participação do IAC, da Prefeitura de Campinas, da empresa de tratamento de água e esgotos (Sanasa) e do mercado atacadista municipal (Ceasa), constituindo-se em um exemplo vivo de resultados derivados do *roadmap* referido. Inaugurada em 2020, a Usina Verde continua em atividade e tem como objetivo reciclar os resíduos verdes urbanos com o lodo de usinas de tratamento de esgoto para a produção de fertilizantes orgânicos.[10] A seguir encontra-se uma foto da usina em operação (Figura 1.3).

Figura 1.3 – Vista aérea da Usina Verde – Projeto de compostagem Agropolo Campinas-Brasil. Fonte: Carbonell *et al.*, 2022.

[10] Carbonell *et al.*, 2022.

Figura 1.4 – Vista aérea da Universidade Estadual de Campinas (Unicamp).
Fonte: Página *web* da Unicamp.

A Universidade Estadual de Campinas (Unicamp)

A Unicamp[11] é uma universidade jovem, fundada em 5 de outubro de 1966 por iniciativa do professor Zeferino Vaz, seu primeiro reitor. A história do início da Universidade e de seu criador está relatada no livro *O mandarim, história da infância da Unicamp*.[12]

As ciências ligadas à agricultura são um dos pilares da Universidade desde a sua fundação. Como já mencionado, a convite do professor Zeferino, o engenheiro agrônomo André Tosello encarregou-se de estruturar a primeira escola de engenharia de alimentos do hemisfério Sul. Tosello, um dos pioneiros da área agroalimentar na América Latina,[13] também criou posteriormente o curso de engenharia agrícola na Universidade. No livro *Muitos, uma biografia de André Tosello*, são relatados os pormenores da trajetória do professor antes e durante sua atuação na Unicamp.[14]

A Faculdade de Engenharia de Alimentos (FEA)

Criada como Faculdade de Tecnologia de Alimentos (FTA) em 1968, logo após a fundação da Unicamp, a Faculdade de Engenharia de Alimentos (FEA)[15] conta atualmente com dois departamentos, o de Engenharia e Tecnologia de Alimentos (Deta) e o de Ciência de Alimentos e Nutrição (Decan), e cinco programas de pós-graduação. Estes podem ser divididos em basicamente dois subgrupos: um com quatro programas associados à industrialização de alimentos e outro com um relacionado à bioenergia. No caso deste último, trata-se de um programa multiunidades e interinstitucional, envolvendo, dentro da Unicamp, diferentes faculdades e institutos e, no âmbito do estado de São Paulo, as três universidades estaduais, sendo, portanto, compartilhado com a Universidade de São Paulo (USP) e a Universidade Estadual Paulista "Júlio de Mesquita Filho" (Unesp). Essa iniciativa, denominada Programa Integrado de Pós-Graduação em Bioenergia, concentra-se na

11 Cf. <https://www.unicamp.br/>.

12 Gomes, 2007.

13 *Idem*.

14 Lima, 2014.

15 Cf. <https://www.fea.unicamp.br/>.

formação de doutores associados principalmente à substituição de combustíveis e produtos químicos obtidos de fontes fósseis por compostos derivados de biomassa.

Os outros quatro programas, denominados Programas de Pós-Graduação em Engenharia de Alimentos, Tecnologia de Alimentos, Ciência de Alimentos e Alimentos e Nutrição, estão vinculados à Coordenação de Aperfeiçoamento de Pessoal de Nível Superior (Capes), na área geral de Ciência de Alimentos, e se classificam entre os melhores cursos do Brasil nessa área. Como as denominações sugerem, os dois primeiros programas estão vinculados ao Deta e os dois últimos ao Decan. Esses programas contam com estrutura laboratorial, plantas-piloto e professores que desenvolvem pesquisas nas seguintes linhas: engenharia de processos e bioprocessos, engenharia metabólica e biotecnologia, tratamento de resíduos, automação e controle, tecnologia supercrítica, fracionamento e identificação de extratos vegetais, extração, termodinâmica aplicada e equilíbrio de fases, engenharia ecológica e ecodesenvolvimento, refrigeração, alta pressão no processamento de alimentos, embalagem e estabilidade de alimentos, higiene de alimentos, tecnologias emergentes no processamento de alimentos, tecnologias de carnes e derivados, de frutas, de hortaliças, bebidas, chocolates e doces, de cereais, raízes e tubérculos, de óleos e gorduras e de leite e derivados, ciência sensorial e do consumidor, contaminantes químicos e aditivos alimentares, qualidade e segurança microbiológica de alimentos, patógenos de interesse em alimentos, biotecnologia aplicada à produção de ingredientes e alimentos funcionais, produtos naturais e alimentos funcionais, proteínas alimentares, análise instrumental de alimentos, quimiometria, processos fermentativos e aplicação de enzimas na produção de alimentos, bioquímica e biotecnologia aplicada a alimentos, compostos bioativos, nutrição e saúde, amidos e carboidratos não digeríveis, análise de compostos fenólicos, vitaminas e aditivos em alimentos, fungos e micotoxinas de interesse em alimentos e biotransformação de produtos agroindustriais.

A Faculdade de Engenharia Agrícola (Feagri)

O curso de engenharia agrícola foi criado na FEA em 1976, que então passou a se chamar Faculdade de Engenharia de Alimentos e Agrícola (Feaa). No início, a engenharia agrícola era um departamento da Feaa, sendo posteriormente, em 1985, criada a Faculdade de Engenharia Agrícola (Feagri)[16] como uma unidade autônoma.

Figura 1.5 – Vista aérea da Faculdade de Engenharia Agrícola (Feagri) da Unicamp.
Fonte: Página *web* da Feagri/Unicamp.

A Feagri possui programas de pós-graduação nas seguintes linhas de pesquisa: agricultura de precisão, agricultura 4.0, ambiência em instalações agrícolas, análise de imagens aplicadas a produtos agrícolas e alimentos, cadeias produtivas e sustentabilidade, ciência de dados, classificação de materiais e de árvores, caracterização e desempenho de materiais, conservação e comercialização de produção agrícola, energização rural, engenharia de irrigação, estudos do meio físico e de áreas agrícolas empregando geotecnologias, estudos socioeconômicos e ambientais, geotecnologias aplicadas ao monitoramento de áreas agrícolas e previsão de safras, gestão de sistemas na agricultura, inspeção de estruturas e de árvores, inteligência artificial aplicada à geoinformação, internet das coisas na agricultura, planejamento e gerenciamento de recursos hídricos, planejamento, manejo, conservação e recuperação de solos, produção de bioenergia a partir de resíduos agroindustriais, projeto, desenvolvimento e otimização de máquinas, secagem de produtos agropecuários, sensoriamento remoto e sensoriamento proximal de solos e

16 Cf. <https://www.feagri.unicamp.br/portal/>.

plantas, tecnologia e materiais de construção, gestão de sistemas na agricultura, tratamento e aproveitamento de águas e resíduos, zootecnia de precisão sustentável. A unidade dispõe de infraestrutura laboratorial e de um campo experimental onde são desenvolvidas as linhas de pesquisa supramencionadas e outras práticas agrícolas.

Figura 1.6 – Experimento de campo na Feagri/Unicamp.
Fonte: Feagri/Unicamp.[17]

Pesquisas agrícolas em outras unidades da Unicamp

São várias as unidades que também se dedicam às pesquisas agrícolas na Unicamp. O Instituto de Biologia (IB)[18] desenvolve pesquisas em biologia animal, biologia vegetal, genética e microbiologia. Vários trabalhos importantes foram produzidos no instituto, como, por exemplo, investigações associadas à genética de milho e às áreas de genômica e bioenergia. No Instituto de Geociências (IG)[19] também são realizadas pesquisas, sobretudo acerca da

17 Cf. <https://www.siarq.unicamp.br/difusao/exposicoes/2-uncategorised/220-faculdade-de--engenharia-agricola-feagri>.

18 Cf. <https://www.ib.unicamp.br/>.

19 Cf. <https://portal.ige.unicamp.br/>.

política científica e tecnológica relacionada à área agrícola. Um exemplo da atuação do IG é a pesquisa sobre a política para bioenergia, particularmente no caso de etanol combustível. No Instituto de Economia (IE),[20] destaca-se o Centro de Estudos em Economia Aplicada, Agrícola e do Meio Ambiente (CEA).[21] Uma das contribuições de maior relevo do IE nessa área se deve à atuação do professor José Francisco Graziano da Silva como diretor-geral da Organização das Nações Unidas para a Alimentação e a Agricultura (FAO), no período 2013-2019. Graziano foi o criador do programa Fome Zero do governo federal do Brasil.

Além dessas unidades de ensino, pesquisa e extensão, é de sublinhar também a atuação dos centros e núcleos da Unicamp. O Centro de Pesquisas Meteorológicas e Climáticas Aplicadas à Agricultura (Cepagri)[22] realiza pesquisas climáticas relacionadas à área agrícola. Já o Centro Pluridisciplinar de Pesquisas Químicas, Biológicas e Agrícolas (CPQBA)[23] desenvolve uma variedade de pesquisas vinculadas à agroindústria e atua em estreita colaboração com a indústria. O Núcleo de Estudos e Pesquisas em Alimentação (Nepa)[24] reúne pesquisas multidisciplinares no âmbito de segurança alimentar e nutricional, investiga e formula políticas públicas de alimentação e nutrição, assim como atua em questões associadas a perdas e desperdício de alimentos, preservação ambiental e processamento de alimentos.

A inovação associada à agricultura na Unicamp

O compromisso da Unicamp com a agenda da inovação se expressa na Agência de Inovação Inova,[25] com forte atuação no apoio aos docentes e pesquisadores em temas relacionados a propriedade intelectual, patentes geradas por seus profissionais, relacionamento com empresas e instituições governamentais e criação de novas empresas "filhas da Unicamp",[26] suas *startups*. Do processo de produção de pesquisas até a interface de difusão

[20] Cf. <https://www.eco.unicamp.br/>.

[21] Cf. <https://www.eco.unicamp.br/cea/>.

[22] Cf. <https://www.cpa.unicamp.br/>.

[23] Cf. <https://site.cpqba.unicamp.br/>.

[24] Cf. <https://www.nepa.unicamp.br/>.

[25] Cf. <https://www.inova.unicamp.br/>.

[26] Cf. <https://www.inova.unicamp.br/empresas-filhas/>.

tecnológica, a Unicamp detém um ecossistema próprio que envolve o estímulo a projetos de pesquisa, a constituição de grandes centros de pesquisa voltados a Pesquisa e Desenvolvimento (P&D), os processos de licenciamento e patenteamento de recursos tecnológicos, assim como os processos de incubação e impulsionamento de *spin-offs* e *startups*.

Dos diversos campos de atuação da Unicamp, a agricultura talvez seja um dos mais efervescentes. A Inova apoia e acompanha, atualmente, seis grandes centros de pesquisa, onze grandes projetos de pesquisa e desenvolvimento já diretamente ligados a empresas, onze licenciamentos e dez patentes. A Incubadora de Empresas de Base Tecnológica da Unicamp (Incamp) abriga nove empresas diretamente ligadas à agricultura.

Os grandes centros de pesquisa têm atuação em três temas fundamentais: insumos agrícolas e biotecnologia, impactos das mudanças climáticas na agricultura e aplicação de ciência de dados e inteligência artificial. No primeiro tema, destaca-se o Centro de Engenharia da Plasticultura (CEP) Braskem--Fapesp, que busca criar, modificar e validar soluções disruptivas de plasticultura para melhorar o desempenho dos produtos e adaptar soluções plásticas existentes para diferentes culturas;[27] e o Brazilian Agave Development (Brave), que visa desenvolver o agave como uma nova fonte de biomassa produtiva e competitiva para a produção de bioenergia, mediante pesquisas em melhoramento genético, desenvolvimento de mudas, mecanização e manejo do plantio e da colheita, além do processamento para a obtenção do etanol e de outros produtos.[28]

Há dois centros que trabalham com a questão dos impactos das mudanças climáticas na agricultura. O primeiro é o Centro de Pesquisa em Genômica Aplicada às Mudanças Climáticas (GCCRC). Nele são desenvolvidas, em parceria com a Empresa Brasileira de Pesquisa Agropecuária (Embrapa), soluções de biotecnologia para adaptação das culturas agrícolas aos efeitos das mudanças climáticas globais.[29] O segundo é o AmazonFACE,[30] um ambicioso programa científico que investiga o impacto potencial do aumento das emissões de CO_2, de forma experimental, na Amazônia. O monitoramento deve analisar desde as alterações na copa das árvores até os microrganismos

27 Cf. <https://sites.google.com/view/ceplasticultura?pli=1>.

28 Cf. <https://www.shell.com.br/energia-e-inovacao/pesquisa-e-desenvolvimento/brave.html>.

29 Cf. <https://www.gccrc.unicamp.br/>.

30 Cf. <https://amazonface.unicamp.br/>.

do solo e apresentar dados importantes sobre o impacto desses processos na agricultura, entre outras esferas.

Os recentes avanços relacionados à informação e à ciência de dados propiciaram a criação do Brazilian Institute of Data Science (Bi0s) na Unicamp,[31] com foco na área da saúde e da agropecuária, que aborda os problemas da agricultura de precisão e as mudanças climáticas. Por sua perspectiva transversal, o Bi0s oferece amplo diálogo com os campos de atuação dos outros grandes centros de pesquisa aqui destacados.

Além desses grandes centros de pesquisa, muitos projetos direcionados à agricultura estão disseminados pelos diversos centros, institutos e faculdades. Um bom exemplo são aqueles apoiados pelo programa Rota 2030, do governo brasileiro.[32] Na Unicamp, alguns desses projetos estão direcionados ao setor agrícola, com foco na automação e na eletrificação de máquinas com vistas à sustentabilidade. E muitos entre eles visam tornar autopropelidos os implementos agrícolas normalmente puxados por tratores, a partir do desenvolvimento de motores elétricos que atendam necessidades de diferentes tipos de máquinas. Outros estão relacionados ao desenvolvimento de soluções de fertilizantes e corretivos, próprios de modelos voltados para a agricultura de precisão.

Outro aspecto fundamental no ecossistema de inovação da Unicamp é o apoio para registro e licenciamento de patentes. No que se refere ao universo da agricultura, existem iniciativas ligadas ao processamento e ao desenvolvimento de produtos alimentícios e/ou de biocombustíveis, enquanto outras invenções estão relacionadas ao controle de pragas e ao monitoramento de rebanhos. São bons exemplos a invenção que promove o aperfeiçoamento de obtenção de estearina do leite, voltada para a elaboração de produtos alimentícios,[33] e a patente de biorrefino do soro do leite (utilizado na produção de alimentos proteicos, além de outros fins).[34] Outra tecnologia se constitui no processo de extração de oleossomos (corpos oleosos) da polpa de buriti (*Mauritia flexuosa* L.f.), aplicável no desenvolvimento de diversos produtos nas indústrias

31 Cf. <https://bi0s.unicamp.br/>.

32 Cf. <https://www.gov.br/mdic/pt-br/assuntos/competitividade-industrial/setor-automotivo/rota-2030-mobilidade-e-logistica>.

33 Cf. <https://patentes.inova.unicamp.br/tecnologia/784_LEITE/>.

34 Cf. <https://patentes.inova.unicamp.br/tecnologia/1384_BIOREFINARIA/>.

alimentícia, cosmética e farmacêutica.[35] Há também uma patente que promove a aplicação de amilase para a conversão de amido em açúcares fermentescíveis, destinada à produção de etanol a partir do milho.[36] Existe, ainda, o patenteamento de uma aplicação biotecnológica de construção de DNA para recombinação de transcrição gênica em célula vegetal, capaz de promover melhores respostas em situações de estresse hídrico.[37] E, por fim, a tecnologia de produção de uma composição, baseada em imunomodulação, para fabricar ração para peixes.[38]

No que se refere ao controle de pragas e ao monitoramento de rebanhos, criou-se um dispositivo para aquisição de imagens e classificação de pragas,[39] assim como um procedimento de nanoemulsão, para controle de larvas e carrapatos.[40] E também inventou-se um sistema de monitoramento de animais em grandes áreas que compreende a Identificação por Radiofrequência (ou RFID) dos animais – dispositivo para leitura e envio de informações em campo, como áreas de pecuária, e dispositivo de recebimento.[41]

Esse profícuo ambiente de produção de patentes gera, consequentemente, um bom volume de licenciamentos, baseado em um processo de articulação universidade-empresa, cuidadosamente acompanhado pela Inova. Entre 2020 e 2023, foram licenciadas 11 empresas com atuação na área agrícola. As aplicações se referem às mais diversas áreas de atuação. Como, por exemplo: carreadores lipídicos naturais na encapsulação de óleos essenciais (BR102019009921-6); análise de linhagens de leveduras em processos fermentativos (PI1015987-8); biotecnologia aplicada ao enfrentamento de estresse ambiental para culturas de cana e soja (BR112021002264-3); método para aceleração do crescimento vegetal de plantas transgênicas (BR11 2018 013532); aditivo de cobre virucida para produção de soja (BR102021024697--9); micropartícula com óleos essenciais que substitui antibióticos no controle de doenças entéricas em suínos (R102012021975-1); composição antibacteriana natural para alimentação e controle de bactérias em aquicultura

[35] Cf. <https://patentes.inova.unicamp.br/tecnologia/1886_OLEOSSOMOS/>.

[36] Cf. <https://patentes.inova.unicamp.br/tecnologia/1940_amilase/>.

[37] Cf. <https://patentes.inova.unicamp.br/tecnologia/1398_terminadores/>.

[38] Cf. <https://patentes.inova.unicamp.br/tecnologia/1460_PESCADO/>.

[39] Cf. <https://patentes.inova.unicamp.br/tecnologia/1259_pragas/>.

[40] Cf. <https://patentes.inova.unicamp.br/tecnologia/1784_NANOEMULSAO/>.

[41] Cf. <https://patentes.inova.unicamp.br/tecnologia/1435_gado_controlado/>.

(BR102018077081-0); antioxidante natural para conserva de carnes, produtos cárneos e aditivos na dieta animal (BR102016020328-7); melhoramento de cultivo de carqueja e macela para aumento de escala de forma sustentável (21806.000051/2016 e 21806.000050/2016); sensor resistivo à base de grafite para medição de umidade do solo (BR102020024523-6); e, finalmente, equipamento destruidor de soqueiras para culturas semiperenes e anuais (PI1004278-4).

Além desse trabalho de licenciamento de patentes para empresas, a Inova mantém, como já brevemente mencionado neste texto, um profícuo programa de incubação: a Incubadora de Empresas de Base Tecnológica da Unicamp (Incamp),[42] situada no Parque Científico e Tecnológico da Universidade.[43] Em 2024 havia pelo menos nove empresas (de 30 no total) em processo de incubação diretamente ligadas ao agronegócio. São empresas como a Kalamazoo, que desenvolve soluções naturais de lúpulo mediante processos sustentáveis;[44] a Defense Fertilizer,[45] que desenvolve soluções para controle sustentável de doenças de plantas e aumento da produtividade das culturas; Apexzymes,[46] que atua na aplicação de processos mais sustentáveis e mais produtivos por meio de moléculas já existentes na natureza; A Singular Seeds,[47] que promove análises não destrutivas de sementes, utilizando imagens e aprendizado de máquina; a Rizobioma,[48] que desenvolve produtos biológicos utilizados na agricultura e na prospecção de novos microrganismos para proteção de plantas contra estresses ambientais e susceptibilidade às pragas e doenças; A Sofien,[49] empresa que se dedica à pesquisa e ao desenvolvimento de máquinas e equipamentos agroindustriais, utilizando técnicas avançadas de prototipagem virtual para garantir eficiência e precisão na criação de soluções inovadoras; A Valora Madeira,[50] que promove aplicação de técnicas não destrutivas de caracterização, de classificação e de inspeção

42 Cf. <https://parque.inova.unicamp.br/portfolio/incamp/>.

43 Cf. <https://parque.inova.unicamp.br/>.

44 Cf. <https://www.kalamazoonaturalsolutions.com/>.

45 Cf. <https://parque.inova.unicamp.br/portfolio/defense-fertilizer/>.

46 Cf. <https://parque.inova.unicamp.br/portfolio/apexzymes/>.

47 Cf. <https://parque.inova.unicamp.br/singular-seeds-de-finalista-do-desafio-unicamp-a-empresa-incubada-na-incamp/>.

48 Cf. <https://parque.inova.unicamp.br/portfolio/rizobioma/>.

49 Cf. <https://parque.inova.unicamp.br/portfolio/sofien/>.

50 Cf. <https://valoramadeira.com/>.

durante todo o ciclo e em diferentes cadeias produtivas do material; a MAQ33,[51] que possui uma plataforma de compartilhamento sustentável de maquinário agrícola; e, por fim, a AgroNanoTech, que faz uso de nanovetores para o controle de pragas.

Vale ainda destacar duas empresas com atuação diretamente vinculada à produção agrícola, a Agricef[52] e a Eacea,[53] fundadas por ex-alunos da Feagri. A Agricef foi idealizada por três pós-graduandos da Unicamp e vem atuando em quatro áreas: (a) ensaios; (b) desenvolvimento de tecnologias; (c) máquinas; e (d) serviços agrícolas, com ênfase em suas aplicações no segmento de cana-de-açúcar. Sua meta tem sido uma produção agrícola mais sustentável, com produtos e serviços para o plantio de cana-de-açúcar, como multicultivadores e plantadoras, implemento de distribuição de tubos de irrigação, *kits* de agricultura de precisão para implementos de aplicação de insumos e pulverizadores de parcelas experimentais. Conta atualmente com mais de 170 projetos desenvolvidos e 16 patentes registradas.

A Eacea tem desempenhado papel importante no avanço da plasticultura no Brasil, tecnologia que, além de proteger os cultivos, permite aproveitar todo o potencial genético deles. Em 2015 a empresa criou o primeiro centro de tecnologia e treinamento em cultivo protegido no Brasil (Projeto Horticunha, localizado em Cunha, SP, Brasil), aplicando o conceito de estufa agrícola com alta taxa de ventilação natural e baixo custo, utilizada com sucesso na produção de hortaliças e de mudas pré-brotadas (MPB) de cana-de-açúcar. Procurando explorar o enorme potencial para a integração de estufas agrícolas com as agroindústrias nacionais, em razão das centenas de usinas de bioetanol instaladas em nosso território, a Eacea tem promovido o conceito de utilizar água, rejeitos térmicos, CO_2 e nutrientes para a produção vegetal em estufas, com controle de clima e fertirrigação associados, a fim de abastecer milhares de hectares de estufas com energia e insumos das agroindústrias. Por outro lado, considerando que o uso de plástico em estufas agrícolas pode chegar

51 Cf. <https://parque.inova.unicamp.br/portfolio/agrimaq-maq33/>.

52 Efraim Albrecht Neto, mestre em Projeto, Desenvolvimento e Otimização de Máquinas Agrícolas pela Faculdade de Engenharia Agrícola (Feagri) da Unicamp, efraim@agricef.com.br.

53 Andrés da Silva, engenheiro agrícola e mestre em Engenharia Mecânica pela Unicamp, andres@eacea.com.br.

a mais de 3,5 toneladas por hectare, a empresa lançou a iniciativa "Eu plastifico, nós reciclamos", um programa de reciclagem voluntária de plásticos agrícolas que reúne, atualmente, mais de 20 empresas da plasticultura e recicladores, com centenas de hectares agrícolas envolvidos na promoção da economia circular do setor.

Esse complexo ecossistema de inovação – que, como vimos, investe fortemente na relação entre agricultura e inovação – beneficia-se de toda uma estrutura baseada na territorialização da inovação na Unicamp, apoiada numa lógica de atratividade e aproximação dos atores envolvidos em espaços profícuos de inventividade. O Parque Científico e Tecnológico é o modelo atual dessa territorialização.

No entanto, a Unicamp, com o intuito de fortalecer o potencial da cidade de Campinas para o desenvolvimento científico e tecnológico, vem empreendendo esforços para agregar essas instituições em um território comum de inovação e sustentabilidade. Com a aquisição da antiga Fazenda Argentina – uma área de 1,4 milhão de m^2 contígua ao *campus* Zeferino Vaz, no distrito de Barão Geraldo, em Campinas – em 2013,[54] a Unicamp, em parceria com os principais institutos de pesquisa e educação do assim chamado Polo de Alta Tecnologia de Campinas,[55] propôs a construção do Hub Internacional para o Desenvolvimento Sustentável (Hids), que se configura como o estabelecimento de um distrito inteligente e sustentável, cujo eixo conceitual fundamental é a articulação entre inovação e sustentabilidade. Um projeto de futuro que congrega as instituições de ciência, tecnologia e

[54] O Decreto n. 58.978, de 18 de março de 2013 declara "de utilidade pública, para fins de desapropriação em favor da Universidade Estadual de Campinas – Unicamp, imóveis situados no Município de Campinas, necessários a extensão das instalações, expansão de ensino e pesquisa da universidade" (São Paulo, 2013, *on-line*).

[55] Segundo Celani, Vaz e Bernardini (2021, p. 1), "o Polo de Alta Tecnologia de Campinas começou a ser criado nos anos 1980, destinado à instalação de instituições públicas e privadas de pesquisa e desenvolvimento científico e tecnológico, com o intuito de se tornar um importante centro de desenvolvimento tecnológico para o país. Nos anos 1990, a área passou a ser gerida pela Ciatec, empresa de economia mista também responsável pela gestão do Polo I. Devido a diversos fatores, nenhuma das duas áreas chegou a ser totalmente ocupada, ainda que no Polo II tenham se instalado importantes instituições de Ciência e Tecnologia, destacando-se o CPqD e o Cnpem, hoje com o acelerador síncrotron Sirius, um dos mais avançados equipamentos no mundo em sua categoria. A área possui, portanto, as características de um distrito (tal como definido pelo Novo Urbanismo) e não de um bairro qualquer, com uma clara vocação para a pesquisa e [o] desenvolvimento científico e tecnológico".

inovação atualmente instaladas no Polo de Alta Tecnologia em Campinas, perfazendo um total de 11,3 milhões de m^2.

O Hub Internacional para o Desenvolvimento Sustentável (Hids)

A partir dessa iniciativa, formou-se um conselho conjunto de instituições voltadas ao desenvolvimento do Hids, sendo elas: Prefeitura Municipal de Campinas (PMC), governo do estado de São Paulo, Unicamp, PUC-Campinas, Facamp, Centro Nacional de Pesquisa em Energia e Materiais (Cnpem), Embrapa, CPqD, TRB Pharma, Cargill, Cariba Empreendimentos e Participações e Instituto Eldorado, todos presentes na área de planejamento, e ainda a CPFL e a Sanasa.

Concebido como um território composto de um conjunto de laboratórios vivos de articulação entre universidades, centros de pesquisa, instituições públicas e empresas voltadas para a produção de pesquisa e desenvolvimento, o Hids pretende ser um espaço híbrido, orientado pelos Objetivos do Desenvolvimento Sustentável, no qual as pessoas possam viver e trabalhar com base nos princípios de sustentabilidade. Com essa ambição, busca-se aproveitar o potencial científico-tecnológico instalado para a construção de uma referência rumo à transição ecológica brasileira. Nesse sentido, as iniciativas em agricultura e sustentabilidade apresentam-se como um campo estratégico de efetivação dos eixos fundamentais de estruturação do Hids (energia, TICs, saúde, alimento, água e mobilidade). As interfaces já estabelecidas têm grande potencial de desenvolvimento. Dois exemplos podem ser usados para a demonstração do potencial do Hids para a interface entre sustentabilidade e inovação na agricultura.

O primeiro é a proposta de construção de uma usina agrofotovoltaica nas dependências do Hids/Unicamp, denominada Hub de Energia Sustentável (Hubes). Orientado pelo nexo energia-alimento-água no campo da agricultura digital, o objetivo fundamental é construir um sistema-piloto para a produção conjunta de energia e alimentos, assim como o armazenamento e o uso de hidrogênio verde integrado à geração de energia fotovoltaica. O projeto prevê o uso de hidrogênio verde no *campus* da Universidade, em três aplicações: mobilidade de baixa emissão com ônibus a hidrogênio, geração de energia elétrica com células a combustível e produção de água quente em mistura com gás natural.

O outro exemplo refere-se à atuação de uma das mais importantes instituições envolvidas no Hids: o Cnpem. Um dos maiores centros de pesquisa no país, conta com laboratórios que desenvolvem investigações relacionadas com agricultura e alimentos. Além dos Laboratórios Nacionais de Biociências (LNBio), de Nanotecnologia (LNNano) e de Biorrenováveis (LNBR), o Cnpem possui o Laboratório Nacional de Luz Síncrotron (LNLS). O LNLS opera o Sirius, fonte de luz síncrotron das mais avançadas do mundo, o que torna possível investigar a estrutura da matéria de interesse para aplicações em biotecnologia associada às ciências da saúde, às ciências ambientais e à agricultura. Possibilita, por exemplo, o desenvolvimento de novos fertilizantes e o estudo de espécies vegetais mais resistentes.

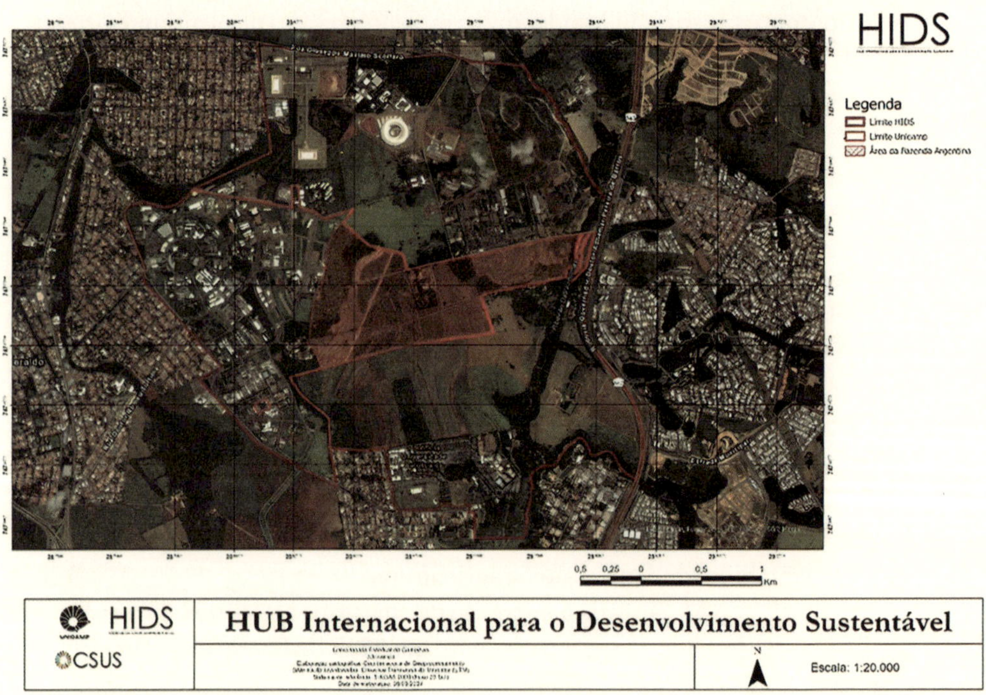

Figura 1.7 – Mapa do Hids, *campus* Zeferino Vaz e Fazenda Argentina.
Fonte: Geoprocessamento/Csus/Depi/Unicamp. Disponível no Atlas Unicamp (https://atlas.unicamp.br/).

Figura 1.8 – Vista aérea do Centro Nacional de Pesquisa em Energia e Materiais (Cnpem). Fonte: Página *web* do Cnpem.

Outras instituições associadas à pesquisa agrícola em Campinas

Campinas sedia duas unidades da Embrapa: a Embrapa Territorial,[56] também conhecida pelo monitoramento agrícola por satélite, e a Embrapa Agricultura Digital,[57] esta última localizada no *campus* da Unicamp.

Também tem sede em Campinas a Fundação Tropical de Pesquisa e Tecnologia André Tosello, criada por Tosello em 1971. A fundação se orgulha de ter uma das mais importantes coleções de culturas microbiológicas da América Latina, especializada em bactérias, fungos filamentosos e leveduras de interesse científico, industrial e ambiental, com mais de oito mil linhagens. Por iniciativa do professor Fumio Yokoya, foram criados na fundação os primeiros armazenamentos de culturas microbiológicas, expandindo-se depois mediante isolamento, identificação e depósito solicitado por indústrias e/ou pesquisadores. A Fundação André Tosello tem prestado um enorme serviço para o desenvolvimento da pesquisa em alimentos no Brasil, mas atua também nos setores farmacêutico, cosmético, agrícola e pecuário.

56 Cf. <https://www.embrapa.br/territorial>.

57 Cf. <https://www.embrapa.br/agricultura-digital>.

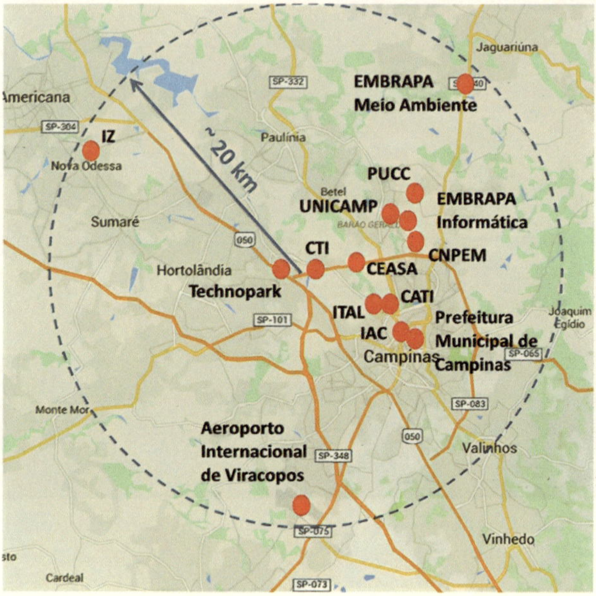

Figura 1.9 – Localização das instituições de CT&I da Região Metropolitana de Campinas relacionadas com agricultura e alimentação.
Fonte: Carbonell *et al.*, 2021.

Para enfrentar os grandes desafios impostos à cidade e ao seu entorno no que se refere à pesquisa e à inovação associadas às áreas agrícola e de alimentos, identifica-se a maior colaboração técnica e científica entre as instituições presentes em Campinas (IAC, Ital, Unicamp, Cati, Cnpem, CTI, CPqD, entre outras) como o principal mecanismo de desenvolvimento de nossa bioeconomia (Figura 1.9).

Conclusões

Campinas é uma cidade de destaque nos temas agricultura e alimentos. No passado, a cidade e a região tiveram o importante papel de alavancar a produção de café, que gerou riqueza para a industrialização. Depois vieram a cana-de-açúcar e a citricultura, transformando a paisagem e a economia paulista. De algumas décadas para cá, o papel de Campinas se modificou. A criação do Ital, da Unicamp, das unidades locais da Embrapa, do Cnpem e a instalação das várias outras instituições de ciência e tecnologia fizeram de Campinas uma cidade do conhecimento e da pesquisa. Campinas é hoje um dos principais centros de investigação científica e tecnológica do país no que se refere à área agrícola e de alimentos. Outras cidades do interior do estado de São Paulo também abrigam instituições importantes no tema da agricultura. Em Piracicaba, a USP oferece o principal curso de agronomia do país, a Escola Superior de Agricultura Luiz de Queiroz (Esalq). A indústria também se transformou. O estado de São Paulo é hoje a principal região de indústrias de alimentos. Isso graças à qualidade de seus profissionais de agricultura e alimentação, muitos deles formados na Unicamp.

Com o desenvolvimento do Hids, Campinas terá condições de engajar seu ecossistema de ciência, tecnologia e inovação em um projeto de futuro com potencial de ser uma das mais importantes referências para a transição ecológica brasileira. E as interações entre agricultura e inovação têm um papel fundamental nesse projeto. Se, no passado, a agricultura impulsionou Campinas para sua vocação tecnológica, também será a propulsora do seu futuro.

Referências bibliográficas

CARBONELL, S. A. M.; CORTEZ, L. A. B.; MADI, L. F. C. *et al.* (org.). *Bioeconomia tropical, roadmaps e diretrizes para o desenvolvimento da bioeconomia no Brasil.* Santo André, Sian Martins Comunicação, 2021. Disponível em <https://www.iac.sp.gov.br/media/publicacoes/agropolo_bioeconomia_tropical_ptbr.pdf>. Acesso em 20/3/2025.

CARBONELL, S. A. M.; PAULELLA, E. D.; SANTOS, M. A. *et al.* "Transformando residuales en fertilizantes: la planta del compostaje del Agropolo Campinas-Brasil". *C3 Bioeconomy*, vol. 3, 2022, pp. 1-18.

CELANI, G.; VAZ, C. E. V. & BERNARDINI, S. P. "Do Polo de Alta Tecnologia ao Hub Internacional de Desenvolvimento Sustentável (Hids)". *Jornal da Unicamp*, 27 abr. 2021. Disponível em <https://unicamp.br/unicamp/ju/artigos/do-polo-de-alta-tecnologia-ao-hub-internacional-de-desenvolvimento-sustentavel-hids/>. Acesso em 20/3/2025.

GOMES, E. *O mandarim, história da infância da Unicamp*. Campinas, Editora da Unicamp, 2007.

LIMA, R. *Muitos: uma biografia de André Tosello*. Campinas, Editora da Unicamp, 2014.

SÃO PAULO. Decreto n. 58.978, de 18 de março de 2013. Assembleia Legislativa do Estado de São Paulo, 18/3/2013. Disponível em <https://www.al.sp.gov.br/repositorio/legislacao/decreto/2013/decreto-58978-18.03.2013.html>. Acesso em 28/3/2025.

2

A Rede Innovagro como motor de mudanças e soluções para a preservação da humanidade e do planeta

Manuel Torralbo Rodríguez

Introdução

Desde 2011, quando nasceu a Rede de Gestão da Inovação no Setor Agroalimentar (Rede Innovagro), deparamos com um cenário de mudança e cheio de desafios globais em países interconectados. O esgotamento dos recursos naturais configura um panorama crítico que requer a adoção urgente de medidas na esfera social e nos setores público e privado para a segurança alimentar da população global. Nesse contexto, a cooperação internacional entre instituições com objetivos comuns é um passo importante para fazer parte dessa mudança tão imperiosa e necessária, por meio de soluções inovadoras emanadas da ciência, dos setores produtivos e da energia social.

Em 2023, a Rede Innovagro organizou, no âmbito de seu XIII Encontro Anual, um seminário internacional intitulado "Novos paradigmas para a sustentabilidade e a segurança alimentar", no qual examinamos as inovações sociais como motores de mudanças substantivas e soluções para o sistema alimentar mundial; ouvimos novas formas de entender a natureza, a sustentabilidade e o crescimento; e avaliamos a ação coletiva e os saberes ancestrais como fonte de inovação com impacto social.

Este capítulo apresenta o papel da Rede Innovagro como estimuladora da inovação nos ecossistemas agroalimentares das economias rurais dos 14 países representados por suas 70 instituições e organizações membros, sua estrutura conceitual, abordagem, conquistas e desafios, bem como a visão de futuro.

A Rede Innovagro

A Rede Innovagro é uma plataforma criada em maio de 2011 com o apoio do Instituto Interamericano de Cooperação para a Agricultura (Iica), para promover a cultura da inovação agroalimentar, bem como o intercâmbio de conhecimentos, informações, cooperação técnica e experiências com outros países que nos permita avançar mais rapidamente, mediante mecanismos de colaboração que potencializem os processos de gestão das inovações nacionais e regionais.

Quando a Rede foi criada em Guadalajara, Jalisco, México, em maio de 2011, 36 instituições e organizações de 12 países aderiram. Treze anos depois, ela conta com 70 membros de 14 países, sendo que alguns têm cobertura regional em vários países das Américas ou globalmente, como a The Nature Conservancy. Presume-se que o impacto atual atinja 80 países. A Figura 2.1 mostra a composição da Rede por tipo de membros e os países representados.

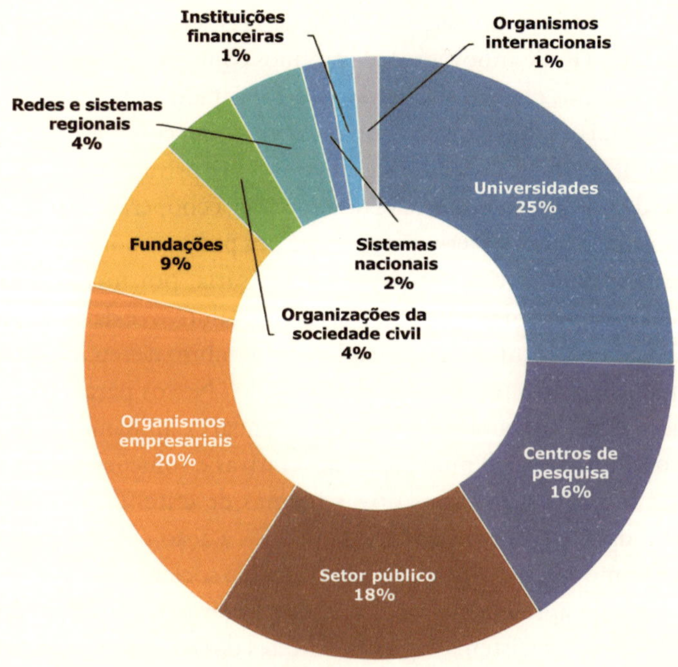

Figura 2.1 – Membros representados e tipologia dos membros da Rede Innovagro.[1]

Um aspecto distintivo da Rede reside no fato de estar composta, desde a sua criação, de instituições e organizações dos setores público e privado de prestígio internacional, que por sua vez reúnem notáveis especialistas que acreditam na inovação agroalimentar e trabalham por ela, em uma relação horizontal de respeito, sinergia e comunicação facilitada pelas diferentes plataformas tecnológicas.

A Rede busca influenciar as políticas e diretrizes institucionais, favorecendo sua sustentabilidade, e, para financiar diretamente uma atividade, ela depende das taxas anuais de seus membros e das contribuições especiais das instituições membros, bem como de organizações nacionais e agências de cooperação multilateral.

Outro diferencial é seu enquadramento legal, pois possui um registro constitutivo, um convênio de criação que é renovado periodicamente, um regulamento e um plano estratégico que são aprovados pela Assembleia Geral a cada dois anos, bem como uma governança composta de:

- O Conselho Administrativo, ou Assembleia Geral dos Membros, é a autoridade suprema da Rede. É composto de todos os membros, os quais participam com voz e voto na tomada de decisões.
- O Comitê Executivo é o órgão representativo dos membros da Rede Innovagro. É composto de um presidente e cinco vice-presidentes que

[1] Esta e as demais figuras do capítulo foram elaboradas pelo próprio autor.

são porta-vozes dos países e das regiões: Brasil, América Central e Caribe, região andina das Américas, Cone Sul, América e Europa.

- O atual presidente honorário é o dr. Víctor Villalobos Arámbula, que apoiou a criação da Rede Innovagro, na qualidade de diretor-geral do Iica. Tal cargo foi proposto e aprovado na Assembleia Anual de 2017.
- Os conselheiros integram a instância que reúne os ex-presidentes da Rede, com a função de contribuir com sua experiência e sua visão para o melhor desempenho dela.
- À Secretaria Executiva cabe promover e executar o programa de trabalho da Rede Innovagro. Na atualidade, está a cargo da representação do Iica no México.

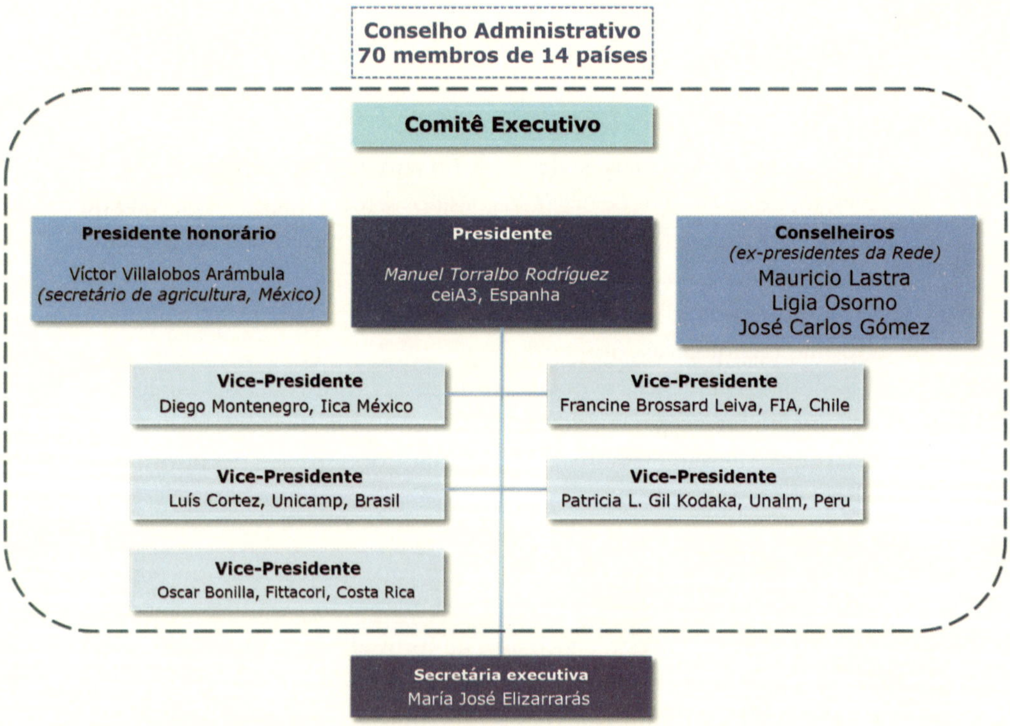

Figura 2.2 – Estrutura de governança da Rede Innovagro.

Após 13 anos, a Rede Innovagro evoluiu e consolidou-se, tornando-se uma rede de excelência cujo objetivo estratégico é colaborar com os membros de acordo com suas demandas e necessidades, aproveitando o papel que cada um deles desempenha no processo de gestão da inovação nos seus países e nos ecossistemas de inovação agroalimentares nacionais e regionais.

Atualmente, seu modelo de trabalho considera atuar com princípios norteadores de conhecimento, comunicação, inovação, respeito, confiança e orientação para resultados; e uma proposta de valor que é sintetizada em:

- Posicionamento de seus membros em mais de 80 países através das atividades realizadas pela Rede.
- Capital relacional com instituições públicas e privadas: universidades, centros de pesquisa, fundações, empresas, instituições financeiras, organizações internacionais e ONGs de 14 países.
- Conhecimento especializado dos diferentes membros da Rede nos seguintes temas centrais da inovação agroalimentar: bioeconomia, mudanças climáticas, gestão do conhecimento, digitalização, segurança alimentar, agronegócio e ecossistemas de inovação.
- Apoio à obtenção de recursos externos para os membros da Rede. Ao longo dos anos, conseguimos apoiá-los na busca e na gestão de recursos econômicos para seus próprios projetos e/ou na participação em projetos de organizações que requerem contrapartes, em vários países onde executam seus programas.
- Bolsas de estudo, estágios e intercâmbios profissionais para estudantes de graduação e pós-graduação, tanto locais quanto no exterior.
- Internamente, para além das taxas e contribuições especiais de seus membros destinadas à realização de atividades, a Secretaria Executiva da Rede tem elaborado estratégias a fim de captar recursos para seu funcionamento, tais como: patrocínio para seu encontro anual, cobrança pelos certificados e venda de serviços (projetos que ela coordena e dos quais obtém recursos), que contribuem para aumentar as ações e o impacto da Rede.

Estrutura conceitual e abordagem

A nova realidade mundial marcada por um contexto complexo – derivado da pandemia de covid-19, de crises bélicas, migrações, eventos climáticos extremos, do crescimento populacional e, portanto, da demanda por alimentos e água, da escassez de recursos naturais e da perda de biodiversidade – destaca o papel decisivo da inovação no setor agroalimentar. Sem inovação não há mudança, e sem uma visão abrangente e ação colaborativa, não há resiliência ou sustentabilidade nos sistemas agroalimentares.

No âmbito europeu, é evidente que o crescimento sustentável deve adaptar-se a um ambiente em constante mudança, mais incerto e competitivo. Isso significa que é necessário envidar mais esforços para criar ecossistemas que estimulem a inovação, a pesquisa, o desenvolvimento e o empreendedorismo, tal como salientado pela Estratégia Europa 2020 e por sua iniciativa emblemática "União pela Inovação". A inovação é, portanto, essencial para várias prioridades da Comissão Europeia, em particular para o Pacto Verde, que promove uma economia a serviço dos cidadãos.

Da perspectiva das Américas, o contexto internacional é dominado por quatro grandes tendências:

(a) a evolução do ciclo econômico mundial;
(b) a recomposição do comércio internacional em um mundo multipolar, acompanhada por uma reconfiguração das instituições ligadas à governança mundial;
(c) o crescente impacto da digitalização, da robótica, no mercado de trabalho, e da utilização da biotecnologia;
(d) o impacto das mudanças climáticas.

O setor agroalimentar insere-se nesse contexto, no qual é necessário reposicionar sua contribuição para a segurança alimentar, reconhecendo a agricultura como parte da solução para garantir o direito humano a uma alimentação saudável e equilibrada para todos. Isso torna imperativo realizar transformações significativas nos sistemas de produção que equilibrem os necessários aumentos de produtividade com a sustentabilidade de médio e longo prazo; reduzir as grandes desigualdades existentes dentro dos países e entre eles, diminuindo as vulnerabilidades que ainda persistem nos territórios; e assegurar o acesso global a alimentos de qualidade, nutritivos, de baixo impacto ambiental e socialmente responsáveis.[2]

Nessas transformações, o fortalecimento dos sistemas nacionais de ciência, tecnologia e inovação é fundamental para aproveitar as oportunidades oferecidas por um ambiente adequado para seu desenvolvimento. Assim, a

[2] Trigo, 2021.

ciência, os novos conhecimentos ou a combinação das capacidades e sinergias de todos os atores desse ecossistema permitirão alcançar a produção e o processamento de alimentos suficientes – em quantidade e qualidade –, que protejam e restaurem os recursos naturais e que, além disso, sejam rentáveis para os diferentes atores da cadeia de valor agroalimentar, em todo o seu potencial.[3] Isso é acompanhado por novos modelos de organização e governança; pelo fortalecimento das abordagens interdisciplinares e transdisciplinares; pelo surgimento e/ou pela consolidação de novos atores no mercado global de alimentos; e por mudanças nos esquemas de proteção de direitos de propriedade intelectual.[4]

Conforme o exposto, a Rede Innovagro e seus membros devemos – e é nosso desafio – promover, gerar e incentivar inovações tecnológicas institucionais e sociais, além de atuar nelas, para transformar os sistemas agroalimentares em sistemas mais sustentáveis, resilientes e inclusivos.

Promover a inovação agroalimentar é uma estratégia particularmente valiosa para ajudar a superar os desafios globais de pobreza, insegurança alimentar, desperdício de alimentos, crise climática, degradação dos recursos naturais, acesso à educação, à água, à energia, aos serviços de saúde, ao trabalho, aos mercados, aos serviços de telecomunicações e à vida em comunidades sustentáveis, inclusivas e igualitárias.

A criação de um ambiente propício à inovação no setor agroalimentar é uma tarefa local, nacional, regional e global, a ser realizada por agentes de todos os setores em que o trabalho colaborativo (em rede ou em outras formas de cooperação) permite valorizar e desenvolver inovações, fomentar a aprendizagem e as sinergias e fortalecer o ecossistema de inovação agroalimentar. Nesse contexto, a Rede Innovagro baseia a sua ação nos seguintes conceitos:

- A *inovação*, entendida como "o processo pelo qual as pessoas ou as organizações introduzem pela primeira vez em um determinado contexto o uso de produtos, processos ou formas de organização novos ou já existentes a fim de aumentar a eficácia, a competitividade, a resiliência perante os desequilíbrios e a sustentabilidade ambiental, favorecendo assim a segurança alimentar e nutricional, o desenvolvimento econômico ou a gestão sustentável dos recursos naturais".[5] Uma inovação não é

3 Iica, 2021.

4 Trigo, 2021.

5 FAO, 2019, p. VI.

necessariamente algo novo para o mundo; pode ser algo novo em um determinado contexto, ou para os envolvidos em sua implementação. Em sentido amplo, compreende mudanças tecnológicas, organizacionais, comerciais e/ou financeiras que se desenvolvem em um ambiente interativo, geradas por meio de relações sociais, em um contexto institucional e um espaço geográfico, que se baseia no conhecimento e produz riqueza econômica, social ou ambiental. Envolve múltiplas interações entre atores, as quais ocorrem ao longo do processo de inovação durante as atividades correspondentes.[6]

- *Inovação tecnológica*, que ajuda a alcançar um novo patamar de produtividade, qualidade, diversidade, eficiência e sustentabilidade ambiental nos sistemas agroalimentares; melhora os processos de produção, transformação, fornecimento, armazenamento e/ou venda de alimentos, que se traduzem em melhores condições para produtores, distribuidores ou consumidores; estabelece uma relação entre os processos econômicos, ecológicos e sociais. Tais inovações, incluindo as digitais, devem atender a uma necessidade social ou estar respaldadas pelo sucesso comercial.
- *Inovação institucional*, que envolve a melhoria ou o desenvolvimento e a implementação de normas internas, políticas públicas, processos, regulamentos, modelos educativos ou de qualificação, de financiamento e/ou padrões que conduzam à solução de problemas do setor e das comunidades. Seu objetivo é modernizar um sistema de inovação por meio de redes de relações, para torná-lo mais dinâmico e competitivo.
- *Inovação social*, sendo aquela que é gerada pela iniciativa de pequenos produtores, agricultores familiares, organizações de produtores, povos indígenas, mulheres, jovens, micro, pequenas e médias empresas, associações civis, consórcios, alianças ou plataformas, e que atenda às necessidades do setor agroalimentar e se reflita diretamente em benefício da população e das comunidades.
- A *gestão da inovação*, entendida como o processo que busca a organização e o direcionamento dos recursos humanos, técnicos e econômicos disponíveis para ampliar a concepção de novos conhecimentos, a geração de ideias que originem novos produtos, processos e serviços – ou melhorem os existentes –, e a transferência dessas ideias para as etapas

[6] Conocer, 2014.

de transformação, comercialização e satisfação de necessidades.[7] Essa abordagem da gestão da inovação se mantém desde a formação da Rede.

- *Políticas públicas de inovação*, considerando estratégias, agendas ou roteiros, marco regulatório, instrumentos de apoio e institucionalidade, que permitam promover, incentivar, implementar e disseminar a inovação, os processos de gestão da inovação e a gestão do conhecimento, nos âmbitos nacional, regional e local.

A Rede Innovagro tem uma abordagem de ecossistema de inovação agroalimentar nas redes de valor com uma visão prospectiva. Requer a interação de agentes heterogêneos, caracterizada pela colaboração ativa entre aqueles que têm ou expressam necessidades sociais e os vários agentes com motivação, capacidades científico-tecnológicas e produtivas para desenvolver soluções benéficas (em termos de bem-estar e rendimento, condições de vida, conservação dos recursos naturais etc.) a fim de responder a essas necessidades; e foca a demanda de seus membros para alcançar resultados positivos. Os temas ou áreas prioritárias em que se centra o trabalho da Rede são os seguintes:

- Construção de alianças estratégicas e redes de intercâmbio entre os membros da Rede.
- Criação de conteúdo digital e percursos educacionais.
- Exploração de instrumentos de financiamento públicos e privados, nacionais e internacionais, aos quais os membros da Rede tenham acesso em consórcio.
- Fomento da capacidade para inovar no setor por meio da formação e da qualificação de recursos humanos em todos os níveis para lidar com as novas tecnologias, especialmente na agricultura; formação de empreendedores; qualificação de profissionais que possam liderar e acompanhar processos de inovação; e desenvolvimento de capital humano especializado.
- Criação de espaços e instâncias para a troca de conhecimentos, informações e experiências em matéria de inovação agroalimentar com os membros da Rede, facilitando a possibilidade de colaboração técnica e execução de ações conjuntas para enfrentar os desafios.

7 Rede Innovagro, 2011.

- Estabelecimento de *networking* com projetos semelhantes, com especialistas e em palestras.
- Promoção de projetos e alternativas para a sustentabilidade da agricultura.
- Difusão de conhecimentos e pesquisas de seus membros.

A Rede apoia seus membros de diferentes maneiras, mas principalmente ao propiciar a interação e a criação de espaços de trabalho entre eles, em busca de uma solução conjunta para os problemas mencionados; ao divulgar e promover informações relevantes; e ao propor linhas de ação no contexto atual.

Realizações

A nossa rede é um capital para a inovação, através de um conjunto de serviços de articulação com membros e aliados estratégicos; de formação e qualificação de seus membros e de outros interessados; de gestão da inovação agroalimentar; e da visibilidade dos membros e de seu posicionamento no ecossistema de inovação agroalimentar. Há um conjunto de resultados que podem ser mencionados numa breve síntese:

1. Geração de espaços de intercâmbio, transferência e desenvolvimento de iniciativas

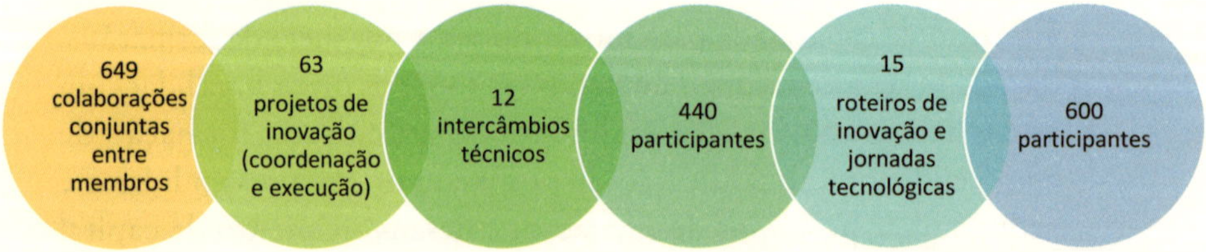

Figura 2.3 – Conquistas em espaços de intercâmbio.

2. Desenvolvimento de capacidades de inovação

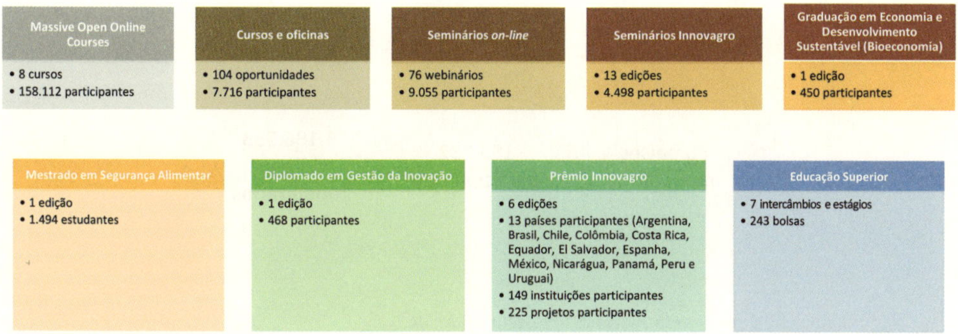

Figura 2.4 – Conquistas no desenvolvimento de capacidades.

3. Difusão e valorização do conhecimento e da experiência

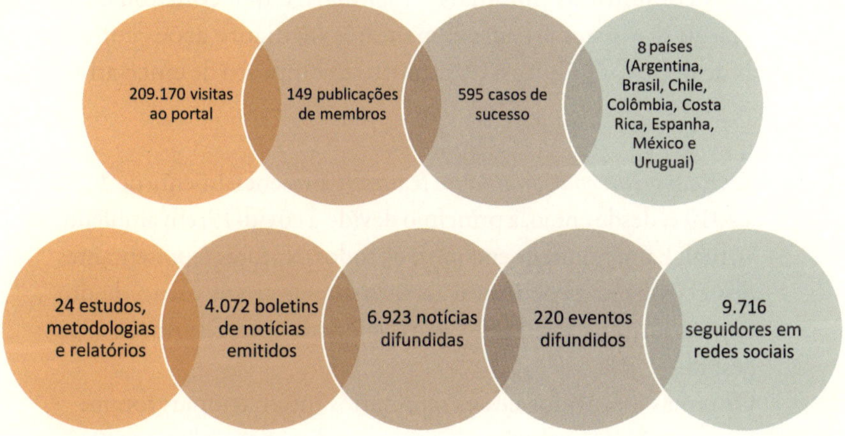

Figura 2.5 – Realizações na área de difusão.

Entre suas realizações qualitativas, destacam-se o desenho de estratégias para a consolidação da Rede Innovagro, permitindo que seus membros se posicionem nas esferas regional e global; a ampliação do capital relacional por meio de vínculos e intercâmbios dos quais derivam projetos bilaterais independentes da Rede; e o acesso às informações e aos conhecimentos gerados por seus membros em estudos e publicações sobre temas hodiernos, para a transformação dos sistemas agroalimentares.

4. Estratégia de sustentabilidade

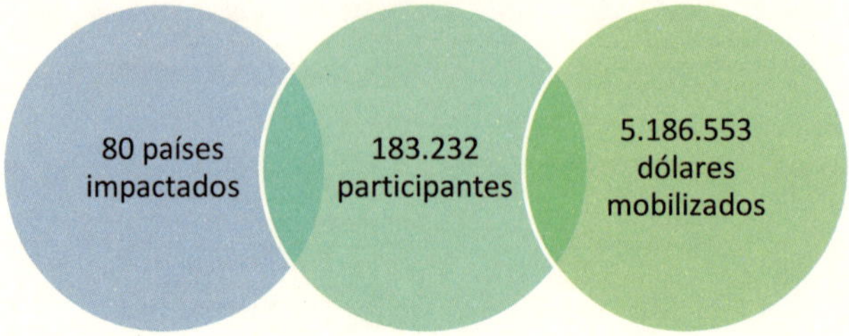

Figura 2.6 – Realizações em matéria de sustentabilidade.

Uma atividade relevante da Rede é a organização anual do encontro internacional entre seus membros, com aliados estratégicos e com outros interessados em questões centrais que respondam a desafios da atualidade, como são as conjunturas mundiais e regionais, e que contribuam para a transformação dos sistemas agroalimentares mediante ações conjuntas e propostas de políticas públicas. O encontro é composto de cinco atividades básicas:

I. Seminário internacional – Foi realizado presencialmente de 2011 a 2019 e, desde então, a princípio devido à covid-19, em ambiente virtual. É um ponto de encontro de todos os atores representantes dos ecossistemas de inovação agroalimentar em torno de um tema prioritário a cada edição, relacionado com a inovação e sua gestão.

Os temas discutidos nesses seminários internacionais foram:

i. Gestão da inovação no setor agroalimentar. México, 2011.
ii. Inovação para a agricultura familiar e a segurança alimentar. Argentina, 2012.
iii. Gestão da inovação para a segurança alimentar e nutricional; produtores e consumidores. Colômbia, 2013.
iv. Redes de inovação em agroalimentação. Espanha, 2014.
v. Em busca de um maior vínculo entre pesquisa e transferência nos sistemas de inovação agroalimentares. Chile, 2015.
vi. A inovação na transição rumo a um modelo de desenvolvimento agroalimentar sustentável. México, 2016.
vii. A inovação agroalimentar e tecnologias facilitadoras para o desenvolvimento sustentável das Américas. Costa Rica, 2017.

viii. Buscando soluções para uma segurança alimentar sustentável. Peru, 2018.
ix. Bioeconomia circular e ecossistemas de inovação. Espanha, 2019.
x. Trilhas de inovação para um setor agroalimentar sustentável e resiliente. Virtual, 2020.
xi. Digitalização dos sistemas agroalimentares. Rumo a uma agricultura 5.0 para produtores familiares. Virtual, 2021.
xii. Desafios da inovação agroalimentar diante das novas tendências nacionais e globais. Virtual, 2022.
xiii. Novos paradigmas para a sustentabilidade e a segurança alimentar. Virtual, 2023.

Os palestrantes das conferências e dos painéis são especialistas de renome internacional, incluindo os próprios membros da Rede, e entre os convidados estão o setor produtivo – por meio de suas organizações produtivas e representativas e das empresas –, universidades, entidades tecnológicas, órgãos administrativos e públicos, assessores e consultores, políticos e organizações não governamentais.

II. *Rota da Inovação* – Circuito que ocorre num país anfitrião, no qual, através de visitas de campo relacionadas com inovações no setor agroalimentar, são conhecidos alguns exemplos de experiências relevantes que contribuem para o fortalecimento do processo de aprendizagem e tornam possível a identificação de aspectos que são aplicáveis às diferentes realidades representadas pelos membros da Rede, evidenciando condições necessárias e fatores de sucesso.

III. *Intercâmbio técnico* – Os encontros são organizados com uma metodologia que permite a reunião de membros que manifestam interesse de trabalhar juntos em ações futuras; o diálogo efetivo para a identificação de oportunidades de colaboração e sua priorização; e o estabelecimento de acordos para a execução de uma agenda de trabalho.

IV. *Assembleia geral de membros* – Na reunião da autoridade suprema da Rede, entre suas funções estão: aprovar a estratégia de trabalho, nomear o presidente e o Comitê Executivo, analisar, propor alterações e aprovar o regulamento, analisar e propor ações para o plano de trabalho e aprovar o relatório de atividades e financeiro do ano anterior.

V. *Prêmio Innovagro* – Organizado desde 2014, embora tenha sido interrompido após seis edições devido à pandemia de covid-19, voltou a realizar-se em 2024, em sua sétima edição. Esse prêmio ratifica o compromisso de reconhecer instituições, organizações membros ou outros atores, como pequenos produtores, *startups* e empresas, apoiados pelos membros da Rede Innovagro, em sua interação, que se destacam pela sua contribuição para a criação e/ou gestão de iniciativas de inovação conjuntas no setor agroalimentar.

Nos encontros, revisamos as tendências globais e regionais em inovação agroalimentar, com particular atenção ao papel da ciência e da tecnologia; conhecemos avanços técnico-científicos sem precedentes na bioeconomia e na agricultura digital; e também abordamos experiências bem-sucedidas em pequena escala, que, em alguns casos, demandam um impulso maior para fazer frente à situação vivida pelo setor.

Desafios

Diante do agravamento da crise climática, econômica, política e social em nível global, devemos promover a gestão eficiente das capacidades e dos pontos fortes dos membros para potencializar os resultados da inovação a um custo financeiro menor e, ao mesmo tempo, propiciar maior coesão e pertencimento dos membros à Rede.

Da mesma forma, é necessário explorar e acessar chamamentos internacionais, nos quais participem *clusters* de membros de diferentes países, na busca de soluções inovadoras da perspectiva econômica, social e ambiental para os desafios globais, que, coordenados pela Rede, lhe permitam gerar recursos adicionais.

A captação de recursos externos para projetos próprios e/ou a participação em projetos de organizações que necessitem de contrapartes, em vários países onde executam seus programas, é um desafio para a Rede, assim como manter o trabalho colaborativo para potencializar as inovações e dar-lhes escala, estimulando aprendizagens e sinergias que fortaleçam o ecossistema de inovação agroalimentar.

Hoje, mais do que nunca, é imprescindível trabalhar em redes colaborativas, as quais devemos fortalecer com o trabalho conjunto dos diferentes atores dos sistemas agroalimentares, representados na Rede Innovagro, para reforçar o papel central e estratégico da agricultura e destacar seu papel nos sistemas de ciência, tecnologia e inovação, para aproveitar as oportunidades em todo o seu potencial e para proteger e restaurar a natureza.

Referências bibliográficas

CONOCER. "Estándar de Competencia EC0489. Facilitación de procesos de innovación de mejora competitiva con personas, grupos sociales y organizaciones económicas". *Diario Oficial de la Federación*. México, 28 ago. 2014, p. 7.

FAO. *Proceedings of the International Symposium on Agricultural Innovation for Family Farmers: unlocking the potential of agricultural innovation to achieve the Sustainable Development Goals*. RUANE, J. (ed.). Roma, FAO, 2019. Disponível em <https://openknowledge.fao.org/server/api/core/bitstreams/4fcc4da9-c22b-45bb-812e-deab1759cbce/content>. Acesso em 25/3/2025.

IICA. "Innovación para la Cooperación Técnica". Documento de trabajo. Jul. 2013.

___. Foro virtual Ciencia, Tecnología e Innovación para transformar los sistemas alimentarios de América Latina. Jun. 2021.

REDE INNOVAGRO. "Documento base de creación de la Red Innovagro". Maio 2011.

SACHS, J. "Speech at the UN Food Systems Pre-Summit". Jul. 2021. Disponível em <https://youtu.be/WZ1xc491mnU>. Acesso em 25/3/2025.

TRIGO, E. "La I+D+i y la transformación del sistema alimentario: una contribución del Instituto Interamericano de Cooperación para la Agricultura (Iica) a la Cumbre sobre los Sistemas Alimentarios 2021 de las Naciones Unidas". Documento de trabajo. Mar. 2021.

3

Potencializando o desenvolvimento sustentável: inovação na agricultura e nas comunidades rurais

Rosemary Sylvester Bradley
Marco Antonio Roldán González

A agricultura, força vital de muitas comunidades, exige constantemente estratégias inovadoras para aumentar a renda e melhorar o bem-estar das famílias de agricultores. Apresentamos aqui uma breve descrição da filosofia e dos propósitos de nossa fundação – Prisma Foundation na Inglaterra e Fudesemillas na Costa Rica – nos últimos 30 anos. Exploramos como agregar valor aos produtos agrícolas, aproveitar a simbiose na natureza, a técnica dos Diálogos Apreciativos e aprender com a sabedoria das culturas indígenas. Descrevemos exemplos específicos de nosso trabalho, como a colaboração com comunidades indígenas para a produção de chocolate, a produção e o controle de qualidade de sementes forrageiras e o desenvolvimento de uma nova ração animal, com o objetivo de contribuir para o desenvolvimento sustentável enraizado nas comunidades.

Antecedentes históricos da produção agrícola na zona Sul da Costa Rica

A zona Sul da Costa Rica possui várias áreas agrícolas colonizadas por diferentes tipos de agricultores. Por exemplo, a área de San Isidro de El General foi colonizada por colonos do Planalto Central, produtores de café e grãos básicos. A área de San Vito de Coto Brus foi colonizada por imigrantes italianos, ao passo que a de Golfito foi desenvolvida pela Companhia de Banana da Costa Rica (United Fruit Company), onde a maioria dos agricultores eram trabalhadores braçais. Neste último setor, houve uma grande transformação na mentalidade do agricultor quando essa companhia foi embora: os antigos trabalhadores braçais tornaram-se agricultores independentes. A partir de 1972, o governo decidiu realizar uma reforma agrária em todos os setores da zona Sul, que consistiu em: (a) dar títulos de propriedade a todos os agricultores para que a propriedade servisse como instrumento de garantia na obtenção de crédito, e (b) desenvolver grandes áreas por meio da construção de infraestrutura, escolas, serviços de comunicação, energia elétrica e constituição de cooperativas para grandes projetos agroindustriais, como a Coopetrabasur, dedicada à produção de bananas e plátanos, e a Coopeagropal R.L., dedicada ao processamento agroindustrial da palma africana produzida por pequenos agricultores. Também foram constituídas várias organizações com diferentes propósitos sociais, como associações de desenvolvimento, comitês de educação e saúde, entre outras. Definiram-se quatro produtos agrícolas a serem desenvolvidos. A primeira medida foi eliminar as áreas de pesquisa e produção de cana-de-açúcar, por meio de uma consultoria cubana que indicou a região como de alto risco para essa cultura. Quanto à produção, optou-se por complementar o uso da terra para a produção de grãos básicos – que eram culturas de subsistência – com cacau, gado de engorda e palma africana pelos pequenos agricultores. As áreas deixadas pela companhia bananeira foram entregues a cooperativas de agricultores, ou divididas em parcelas de 10 a 20 hectares para agricultores individuais, dando-lhes títulos de propriedade, e, além das melhorias na infraestrutura, foram oferecidas assistência técnica e capacitação de jovens lideranças das comunidades.

Todo esse projeto de reforma agrária foi implementado pelo Instituto de Desenvolvimento Agrário da época (Itco), e recebeu o apoio direto do então presidente da República, Rodrigo Carazo Odio. Após a mudança de governo em 1982, já não houve apoio à formação de líderes camponeses e à construção de mais infraestrutura. Os homens emigraram para trabalhar em outras áreas do país e para os Estados Unidos, e perdeu-se o impulso para o desenvolvimento agrícola na área. A zona Sul da Costa Rica continua sendo uma das áreas com os maiores índices de pobreza do país.[1]

Até hoje, as cooperativas Coopetrabasur e Coopeagropal continuam funcionando e exportando seus produtos. Contudo, embora tenha havido uma grande transformação da agricultura nessa área, há necessidade de uma

1 *Estado de la nación*, 2023.

maior variedade de produtos que possam ser processados para alcançar maior valor agregado e, assim, chegar ao mercado.

Inovação e comercialização de produtos agrícolas

Os agricultores – não apenas os produtores de alimentos, mas também os empresários – precisam de estratégias inovadoras para aumentar a renda e melhorar a qualidade de vida. Além de aumentar a renda, a transformação de matérias-primas, como o processamento do cacau para produzir chocolate, gera empregos, diversificando a economia local.

Figura 3.1 – Fundação Prisma.
Fonte: <www.prismafoundation.org>.

Infelizmente, os preços que os intermediários oferecem pelas matérias-primas aos agricultores são sempre muito baixos, e, mesmo quando sobe o preço internacional do produto, esse aumento não é repassado aos produtores. Um exemplo recente é o cacau, cujo preço subiu quatro vezes no ano passado, para mais de US$ 10.000/tonelada, mas os agricultores não perceberam a diferença; são as empresas multinacionais produtoras de chocolate, como Lindt, Mondeléz, Nestlé e Hershey's, que viram seu lucro líquido com as vendas de chocolate aumentar em US$ 6 bilhões no último ano.[2]

Nossa fundação foi criada em 1990 com o objetivo de desenvolver e implementar tecnologias inovadoras para agregar valor aos produtos rurais. Para conseguir a implementação das tecnologias desenvolvidas, a fundação considera essencial participar na otimização da organização camponesa, para facilitar a adoção de novas tecnologias e, assim, gerar melhor renda para o sustento das famílias de agricultores da região.

Simbiose na natureza e complementaridade de habilidades

Mais de 40 anos de trabalhos realizados em agricultura aplicada em vários países da América Latina (principalmente Brasil, Colômbia e Costa Rica) nos mostraram a importância de fazer uso da complementaridade das diferentes habilidades dos participantes.

Nossa experiência em pesquisa agrícola nos deu um exemplo muito claro de complementaridade: a simbiose entre plantas e bactérias (rizóbios) que fixam nitrogênio biologicamente. A bactéria obtém energia da planta para realizar o processo de fixação de nitrogênio. Para produzir amônio (NH_4^+) quimicamente a partir de nitrogênio na forma gasosa (N_2), por meio do processo Haber-Bosch usado para produzir fertilizantes químicos nitrogenados, são necessários 8 MWh por tonelada de amônio.[3] No caso da simbiose rizóbio-leguminosa, essa energia é obtida sem investimento em energia fóssil, a partir da energia solar assimilada pelo processo de fotossíntese realizado nas folhas da planta e transmitida às bactérias em suas raízes. Da mesma forma, a planta sintetiza proteína a partir do produto da fixação de nitrogênio por bactérias localizadas nos nódulos de suas raízes.

2 Oxfam, 2024.

3 The Royal Society, 2020.

Esse claro exemplo de complementaridade, amplamente empregado na agricultura, levou-nos a ter uma visão mais voltada para a importância de reconhecer e utilizar as qualidades de cada participante em nossos projetos, além de incentivar os grupos com os quais trabalhamos a buscar também suas qualidades individuais para trabalhar melhor em equipe.

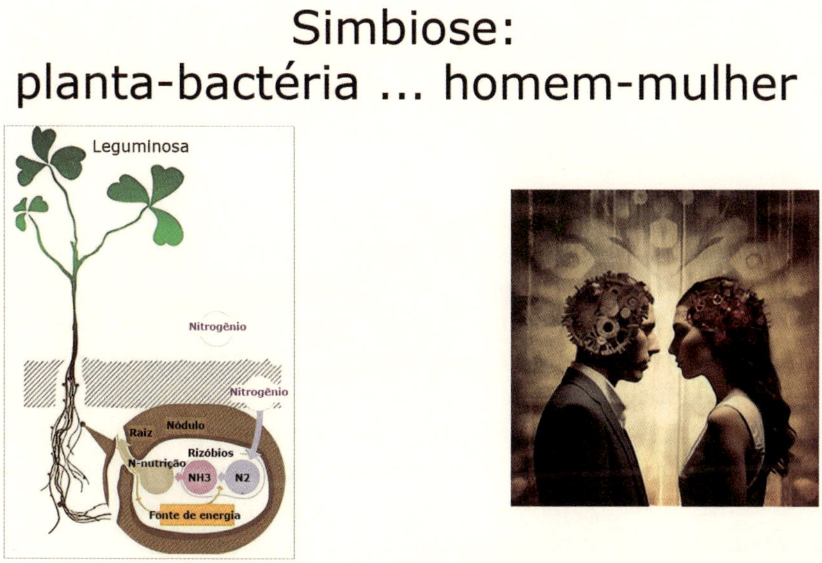

Figura 3.2 – Complementaridade em sistemas biológicos e humanos.
Fonte: Elaboração própria a partir de imagens em domínio público.

É evidente que mulheres e homens têm qualidades diferentes, que também se complementam. O lado direito do cérebro, ligado à intuição e à imaginação, e o lado esquerdo, que compreende a parte lógica e a racionalidade, são igualmente importantes para o bom desenvolvimento de qualquer projeto. A complementaridade das funções dos dois lados do cérebro, que estão ligadas às diferenças entre os sexos, já foi demonstrada por Gur e Gur.[4] Consideramos que as habilidades complementares de mulheres e homens devem ser reconhecidas e utilizadas nos projetos agrícolas. Destacar a importância da diversidade e da complementaridade constrói comunidades mais fortes e resilientes. Por isso, em nossos projetos, buscamos sempre integrar homens e mulheres, aproveitando suas diferen-

[4] Gur & Gur, 2017.

tes capacidades para o bem de todos. Isso nos levou a investigar e usar o método conhecido como "Diálogos Apreciativos" ("Appreciative Inquiry"), que é uma ferramenta empregada para descobrir e desenvolver as capacidades positivas do grupo, e de cada membro em particular, com o objetivo de realizar projetos que tenham um sentimento de pertencimento e, portanto, de permanência.

Diálogos Apreciativos: transferência de tecnologia e perpetuidade

A técnica dos Diálogos Apreciativos é um método utilizado para obter um sentido de pertencimento para os trabalhos realizados em grupo. Foi majoritariamente aplicado em empresas, mas há algumas experiências em comunidades rurais, e decidimos fazer um teste em três comunidades locais nas quais os membros do grupo estavam interessados em desenvolver projetos. É importante ressaltar que tal método é um tipo de pesquisa participativa, mas possui uma estrutura bem definida e relativamente fácil de adotar em um ambiente rural. Em vez de usar o método tradicional, em que o técnico ou o especialista visita a comunidade e pergunta quais são os problemas enfrentados, no caso dos Diálogos Apreciativos, só são permitidas perguntas positivas. Por exemplo, em vez de dizer "os políticos não se importam com os agricultores", no modo apreciativo é dito que "os bons políticos se preocupam com os agricultores". Além de livros como os de Cooperrider e Whitney e de Elliott,[5] que explicam os fundamentos do método, temos um guia disponível para ajudar a colocar em prática os Diálogos Apreciativos.[6] Ao focar os pontos fortes e os êxitos locais, e não os problemas, acreditamos que o sentimento de pertencimento e a confiança são estimulados. A transferência de tecnologia por meio dessa abordagem parece impulsionar projetos produtivos e promover a perpetuidade das iniciativas.

[5] Cooperrider & Whitney, 2005; Elliott, 2001.

[6] Mazzola, 2005.

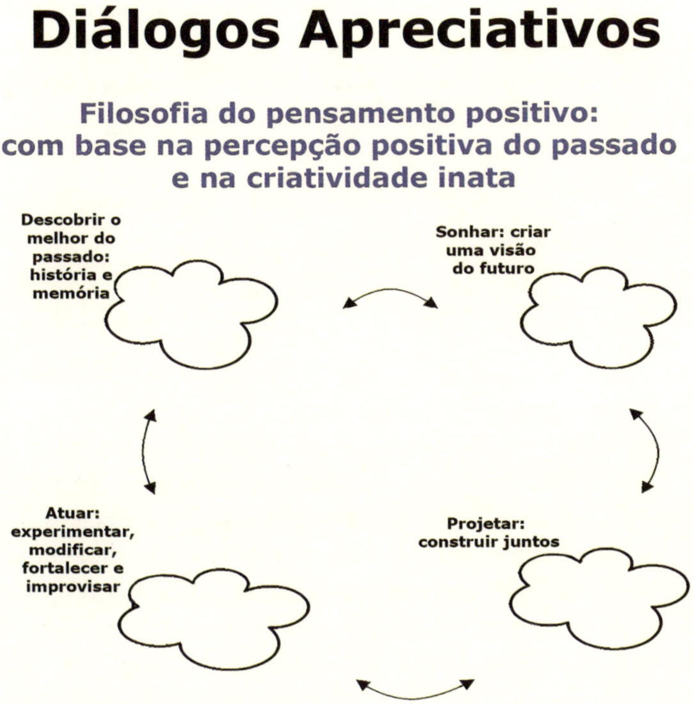

Figura 3.3 – Quatro etapas da metodologia Diálogos Apreciativos.
Fonte: Elaboração própria.

Financiamento por meio da comercialização de produtos próprios

Idealmente, cada projeto de produção deveria ser economicamente lucrativo sem a necessidade de financiamento adicional. A obtenção de financiamento é extremamente difícil, sobretudo para projetos agrícolas. Os banqueiros tendem a impor suas condições ao empréstimo, bem como oferecer montantes fixos (provavelmente são limites impostos por seus próprios regulamentos) que não se relacionam com a realidade do projeto que está sendo financiado. A quantidade de trâmites é excessiva, e o processo é muito desgastante para aqueles que procuram financiamento; desse modo, quando finalmente conseguem o empréstimo, tendem a aceitá-lo sem questionar se as condições são impossíveis de cumprir. Nossa experiência indica que é preferível buscar uma forma de financiar sem recorrer a empréstimos bancários. O ideal é ter um produto lucrativo, com mercado seguro e sem concorrência. Por esse motivo, buscamos um produto com tecnologia própria, ou seja, que nos dê uma vantagem competitiva quase total. Tivemos a sorte de descobrir um produto assim.

Produção de sementes forrageiras: inovação para a sustentabilidade

Nossa fundação se especializou na produção e na comercialização de sementes de gramíneas e leguminosas forrageiras para animais, em colaboração com pequenos agricultores. A partir de 1990, sementes de uma única gramínea melhorada – *Urochloa decumbens* (ou *Brachiaria decumbens*), espécie que era suscetível ao ataque da cigarrinha-das-pastagens (*Prosapia bicincta*) – foram comercializadas na Costa Rica. Uma única empresa importava e comercializava cerca de três toneladas de sementes por ano da Colômbia para a Costa Rica. Na década seguinte, a quantidade de sementes importadas pelo país, principalmente do Brasil, aumentou para 200 toneladas por ano, em sua maioria *Urochloa* (*Brachiaria*) *brizantha*. No entanto, a *B. brizantha* é uma gramínea um pouco mais exigente quanto à qualidade do solo e de crescimento cespitoso, ou seja, não é rasteira. Decidimos então começar a produzir sementes de outra variedade de gramínea, a *Brachiaria dictyoneura*, que é mais tolerante a solos ácidos e inférteis, e é rasteira. Adapta-se muito bem aos solos em declive e tipicamente ácidos da zona Sul da Costa Rica. Além disso, experimentos de pastoreio na Colômbia já haviam demonstrado que ela forma uma associação muito estável e duradoura com o amendoim forrageiro (*Arachis pintoi*), uma leguminosa forrageira originária do Brasil. Nosso objetivo inicial era produzir sementes de *B. dictyoneura* em colaboração com agricultores da região e, posteriormente, produzir sementes de amendoim forrageiro. Contratamos diferentes agricultores com áreas de dois a dez hectares para a semeadura e a colheita de sementes. A colheita era manual, no mês de junho e, durante o resto do ano, as pastagens eram utilizadas para o pastoreio do gado de cada agricultor.

Como as sementes de *B. dictyoneura* apresentam altos níveis de dormência, fizemos uma série de estudos para desenvolver um método de estímulo da germinação. Assim, conseguimos patentear um método para o tratamento de sementes de gramíneas tropicais.[7] Quando as sementes são tratadas com o nosso método, denominado Speedygerm, são alcançados altos níveis de germinação; por exemplo, pode ser obtido um aumento que vai de 8% de germinação em sementes não tratadas até 77% em sementes tratadas (ver Tabela 3.1). A partir de nossa experiência, temos oferecido assessoria a empresas que desejem aplicar o tratamento em lotes de sementes dormentes.

Tabela 3.1 – Aumento da germinação das sementes tratadas com Speedygerm.

Germinação após 7 e 21 dias em sementes de *Urochloa dictyoneura* com tratamentos Speedygerm				
	sem escarificar com ácido sulfúrico		**escarificado com ácido sulfúrico**	
Tratamento	**7 dias**	**21 dias**	**7 dias**	**21 dias**
Sem tratamento Speedygerm	**8,3a**	**8,7a**	**20b**	**24b**
Com tratamento 1 Speedygerm	**43c**	**45c**	**51c**	**51c**
Com tratamento 1+2 Speedygerm	**48c**	**48c**	**71d**	**73d**
Com tratamento 1+2 x2 Speedygerm	**51c**	**51c**	**76d**	**77d**

Fonte: Elaboração própria.

Junto com o Ministério da Agricultura (MAG), elaboramos um guia prático sobre a colheita manual de sementes de *B. dictyoneura* e *B. humidicola*.[8] A produção de sementes forrageiras é uma atividade muito rentável para os pequenos produtores, e não requer muito investimento, uma vez que elas podem ser colhidas manualmente. O preço de venda das sementes compensa o alto custo da colheita e o processo de tratamento.

7 Bradley, 2002.

8 Fudesemillas/MAG, 2007.

Figura 3.4a – Colheita manual de sementes de *Urochloa humidicola* (*Dictyoneura*). Veracruz, Pérez Zeledón, 2007.
Fonte: <https://prismafoundation.org/produccion-de-semillas.html>.

Figura 3.4b – Velocidade de germinação de sementes de capim-mulato, tratadas e não tratadas com o método Speedygerm.
Fonte: Elaboração própria a partir de imagem em domínio público.

Inovação em alimentação animal: leguminosas forrageiras Arachis *e* Stylosanthes, *uma alternativa sustentável*

É muito importante destacar que os pastos tropicais são ricos em energia e fibras, mas são deficientes em proteínas. Por esse motivo, foi realizado um trabalho no Centro Internacional de Agricultura Tropical (Ciat), situado em Cali, Colômbia, por aproximadamente 20 anos, de 1980 a 2000, para selecionar leguminosas nativas da América Latina que pudessem ser utilizadas como plantas forrageiras. Essas leguminosas podem ser plantadas em associação com as gramíneas, para que os animais tenham uma dieta completa e balanceada, com energia e proteína suficientes, semelhante à associação de trevo com azevém, frequentemente utilizada em pastagens temperadas.

Na Colômbia, foram realizados experimentos de pastejo que mostraram que se pode associar a *Arachis pintoi* (amendoim forrageiro) com diferentes gramíneas, especialmente com a *B. dictyoneura*. A coleta original de *A. pintoi* foi realizada pelo professor Geraldo Pinto, no estado da Bahia. A planta é nativa do vale do rio Jequitinhonha, no estado de Minas Gerais.[9] Espalhou-

9 Cf. <https://es.wikipedia.org/wiki/Arachis_pintoi>.

-se por quase todos os países da América Latina, principalmente por meio da reprodução vegetativa. É uma leguminosa muito resistente, e talvez o único problema seja a dificuldade em eliminá-la, já que a produção de sementes é subterrânea, e a produção de flores e sementes é praticamente contínua ao longo do ano. Mesmo no caso de uma seca severa, a planta, que foi avaliada em diversos experimentos em toda a América Latina,[10] desaparece, mas as sementes permanecem no solo e, quando as chuvas recomeçam, ela brota novamente.

Apesar do sucesso da *A. pintoi* como planta forrageira, ela não foi amplamente adotada pelos pecuaristas. É usada sobretudo em jardins e para controle de erosão. Possivelmente isso ocorre porque a semente sexual do amendoim forrageiro é relativamente grande. São necessários cerca de 20 kg/ha para o plantio, e a semente deve ser enterrada, ou seja, é necessário semear de forma semelhante à semeadura do feijão. É muito apreciada por ratos e pássaros, por isso, se não for enterrada, desaparece antes de germinar. Ao tentar produzir sementes de *A. pintoi*, descobrimos que ela é muito suscetível ao ataque do percevejo do solo (*Cyrtomenus* sp.), que perfura e apodrece as sementes. Isso torna impossível produzir sementes sexuais na Costa Rica sem o uso de pesticidas que podem intoxicar os trabalhadores ao remexer a terra para colher as sementes. A semeadura vegetativa é muito mais simples e econômica, mas, mesmo assim, bem poucos agricultores da Costa Rica plantaram amendoim forrageiro em suas pastagens. Por esses motivos, decidimos que era melhor escolher uma leguminosa com sementes mais fáceis de produzir e plantar.

A leguminosa que escolhemos, por seu bom desempenho em experimentos de pastagem na Colômbia, no Brasil e no Sudeste Asiático, foi a *Stylosanthes guianensis* var. *guianensis*, conhecida como alfafa tropical. No Brasil, essa leguminosa foi liberada em 2019 pela Embrapa com o nome de cultivar Bela, ou Estilosantes Bela.[11] *S. guianensis* é uma leguminosa nativa da América Latina, presente do México até a Argentina. Para semeá-la em pastagens associadas, são necessários apenas 2 kg/ha (no cultivo puro são necessários 6 kg/ha). A semente é relativamente fácil de colher e podem ser obtidos

[10] Argel & Ramírez, 1996.

[11] Embrapa, 2019.

rendimentos de até 1.000 kg/ha de sementes. Isso reduz o custo para o pecuarista que queira plantá-la em associação com as pastagens.[12]

No entanto, dada a preferência dos agricultores em usar ração concentrada para seus animais, e não plantar leguminosas em suas pastagens, desenvolvemos uma ração inovadora baseada em *S. guianensis*. Aperfeiçoamos a tecnologia de cultivo, colheita, secagem e processamento da *Stylosanthes*, obtendo péletes e fardos comprimidos com mais de 18% de teor de proteína.[13] Essa tecnologia beneficia tanto os agricultores que produzem o material verde quanto aqueles que a usam como alimento para seus animais.

Figura 3.5 – Etapas do processo de plantio, colheita e produção de alimentos com base em *Stylosanthes*.
Fonte: Elaboração própria.

Esse alimento inovador é muito palatável (Figura 3.6), e pode ser usado para uma ampla gama de animais, como gado de corte e leiteiro, cavalos, cabras, ovelhas, coelhos, galinhas e até peixes. É uma alternativa local aos insumos importados, como milho e soja, para a produção de ração animal e, portanto, contribui para a segurança alimentar. Ademais, a *Stylosanthes* é uma opção mais saudável e sustentável em comparação ao milho e à soja.

12 Muitos dos benefícios da *S. guianensis* foram descritos por Schultze-Kraft *et al.*, 2023.

13 Cf. descrição mais detalhada em Sylvester Bradley, 2019, e na Figura 3.5.

Figura 3.6 – Animais consumindo péletes de *Stylosanthes*.
Fonte: Elaboração própria.

Nós o comercializamos há quase dez anos, principalmente para a alimentação de cavalos. Ao analisar o conteúdo nutricional da ração, revela-se que 4,5 kg de ração para gado leiteiro podem ser substituídos por uma mistura de 6 kg de *Stylosanthes* mais 100 g de Enerlac (gordura suplementar feita de óleo de palma africana)[14] e 1 kg de um subproduto energético, bem como polpa de fruta (por exemplo, abacaxi), com um custo 1,8 vezes menor e teor de fibra 2,5 vezes maior (ver Tabela 3.2). Cada dieta é adicional a 18 kg de grama estrela.

A *Stylosanthes* produz anualmente quatro vezes mais proteína por hectare do que a soja, o que demonstra seu grande potencial para substituir esta última como principal fonte de proteína para ração animal de ruminantes, considerando que o plantio de soja tem promovido o desmatamento em grandes áreas da Amazônia.[15] Com cerca de dez animais por hectare, a *Stylosanthes* pode ajudar a diminuir a área de pastagem necessária para manter o mesmo número de animais. Além disso, por ser uma cultura perene, não requer mecanização da terra com tanta frequência quanto as culturas anuais, como soja e milho, e assim evita a emissão de CO_2, causada pela mecanização da terra. O plantio de leguminosas perenes como a *Stylosanthes* também contribui para a recuperação de solos degradados.[16]

14 Cf. <https://www.megamixcr.com/products/enerlac.html>.

15 Charbeneau, 2021.

16 Schultze-Kraft *et al.*, 2018.

Tabela 3.2 – Dieta tradicional comparada com dieta baseada em *Stylosanthes*, abacaxi e Enerlac.

	Ingredientes Dieta	Análise nutricional e custo de cada dieta												
		kg/ animal/ dia*	custo $/TM	custo ₡/kg	%Ca	%P	% fibra crua	% proteína	Kcal ED	custo ₡/vaca/ dia	g proteína	g Ca	g P	g fibra
Dieta tradicional	4,5 kg de alimento para vaca leiteira Vapfeed	4,5	761,7	390	0,8	0,45	10	16	15.075	1.755	720	36	20,25	450
	0,5 kg de farinha de soja	0,5	761,7	390			5	47	1.650	195	235	0	0	25
	Complemento fibroso	1	531,3	272	0,45	0,25	25	10	2.850	272	100	4,5	2,5	250
	Total								19.575	2.222	1.055			725
S. guianensis	fardo *Stylosanthes*	6	315	161,3	1,1	0,2	28	18	15.000	968	1.080	66	12	1.680
	polpa de abacaxi	1	250	128	0,16	0,1	15,2	5,7	3.990	128	57	1,6	1	152
	Enerlac	0,1	1.337	825				0	750	83				
	Total								19.740	1.178	1.137			1.832

* Peso calculado para cada ingrediente a 9% de umidade.

Fonte: Elaboração própria.

Para realizar um processo industrial de proporção suficiente para produzir grandes quantidades do produto (mais de 20 mil toneladas por ano), e assim obter economia de escala, é necessário aumentar a capacidade de nossa fábrica, com um investimento de mais de um milhão de dólares. Apesar de nossa proposta ser altamente lucrativa, até o momento, não conseguimos financiamento para o projeto. Teria sido muito útil contar com o apoio do MAG para promover o projeto e selecioná-lo como potencial candidato a financiamento pelo Banco de Desenvolvimento ou por investidores privados.

O MAG promove plantas não leguminosas como parte da dieta animal, como o girassol-mexicano, também conhecido como botão-de-ouro ou margaridão-amarelo (*Tithonia diversifolia*), e a amoreira-branca (*Morus alba*), além de algumas leguminosas, como a camaratuba (*Cratylia argentea*).[17] Contudo, essa tecnologia requer um uso intensivo de mão de obra. Além disso, é importante lembrar que as plantas não leguminosas, quando colhidas várias vezes durante o ano, extraem nitrogênio do solo. Se não houver reposição desse nitrogênio com fertilizantes químicos ou orgânicos, o solo perde fertilidade, ao passo que, ao plantar uma leguminosa, ele é fortalecido. A tecnologia que desenvolvemos para produzir alimentos com *Stylosanthes* demanda baixo uso de mão de obra e, por ser uma leguminosa, apresenta as vantagens mencionadas para a fertilidade do solo.

Possivelmente o MAG não apoiou nosso projeto porque o processo é mecanizado, enquanto o foco do MAG sempre foi a tecnologia utilizada por pequenos agricultores, com uso intensivo de mão de obra. No entanto, acreditamos que é muito importante ter em conta que, ao mecanizar o processo, aumenta-se muito a sua eficiência e se reduzem os custos. Além disso, a planta agroindustrial compra a matéria verde da *Stylosanthes* dos pequenos produtores que a produzem, possibilitando que eles tenham uma renda constante (já que se colhe a cada dois meses) e superior à de outros produtos, como a cana-de-açúcar. Por exemplo, para uma fábrica de *Stylosanthes* que produz 20.000 MT/ano, são necessários cerca de mil hectares de *Stylosanthes*, que podem ser comprados de cem agricultores, cada um com dez hectares da cultura. Assim, o benefício do projeto é distribuído entre todos esses agricultores, que têm um comprador estável e constante, e uma cultura que ajuda a recuperar a fertilidade da terra.

Outro aspecto que revela a importância desse projeto para o futuro, e para a luta contra as mudanças climáticas, é que a *Stylosanthes* é muito tolerante

[17] Arronis Díaz, 2010.

à seca. Nas áreas em que a semeamos, há chuvas abundantes (mais de 3.000 mm por ano). Porém, a alfafa tradicional (*Medicago sativa*), que cresce em climas temperados – nos Estados Unidos, no Canadá e na Espanha, entre vários outros países –, quase sempre precisa ser regada. Em áreas de irrigação na Califórnia e na Espanha, por exemplo, a água para esse fim está acabando[18] devido às mudanças climáticas.

Ainda assim, mais de 50 milhões de toneladas métricas de feno de alfafa são produzidas anualmente, valoradas em 30 bilhões de dólares.[19] A ração de *Stylosanthes* que estamos produzindo tem características nutricionais muito semelhantes às da alfafa tradicional,[20] e o processo de produção industrial de ambas é praticamente idêntico nos países mencionados. Além disso, a instalação de uma fábrica de alfafa tem um custo mínimo de uns cinco milhões de dólares. Tendo em vista todas as vantagens do cultivo de *Stylosanthes* que descrevemos aqui, e os muitos esforços que fizemos para financiar o projeto, parece-nos que apenas a perversidade humana pode explicar o motivo pelo qual tivemos que suspender nossa produção ao não conseguirmos mantê-la em funcionamento.

Colaboração com comunidades indígenas: cacau, preços justos e sustentabilidade

A colaboração com comunidades indígenas no processamento de cacau não apenas aborda a equidade de preços, como também promove a sustentabilidade. Além disso, a criação de papel artesanal com fibras naturais representa uma fonte alternativa de renda, destacando a importância do manejo sustentável dos recursos.

Considerando isso, desenvolvemos um projeto em conjunto com a comunidade indígena ngäbe, na zona Sul da Costa Rica. O território ngäbe se estende pela fronteira entre a Costa Rica e o Panamá. Há muitas comunidades diferentes, cada uma com seu cacique e seu xamã. A língua ngäbe (ou ngöbere), falada por cerca de 150 mil pessoas, é da família chibche, que cobria um território entre o leste de Honduras e o norte da Colômbia e difere marcadamente da cultura maia da Guatemala e do México. O povo ngäbe

18 Fu, 2022; Heggie, 2020.

19 Lindner, 2024.

20 Sylvester Bradley, 2019.

toma cacau para se aproximar do mundo espiritual e para resolver problemas na comunidade. O grupo se reúne e bebe cacau puro, sem outros alimentos, por um período de quatro ou oito dias, para buscar e implementar soluções. Estamos promovendo visitas de grupos à comunidade para que as pessoas vivam a experiência de participar de cerimônias do cacau e tenham a oportunidade de aplicar as lições aprendidas da sabedoria indígena.

O projeto envolve a produção de chocolates, que são comercializados com o nome Chocoprisma.[21] A fundação desenvolveu pequenas máquinas para produzir chocolates de alta qualidade, além de cacau puro, cacau em pó e manteiga de cacau. Compramos cacau dos ngäbes a um preço justo, de acordo com a qualidade de cada lote (Figura 3.7).

Figura 3.7 – Compra de cacau na comunidade ngäbe, com preços de acordo com a qualidade. Fonte: Os autores.

A comunidade formou seu próprio comitê Comércio Justo, que decide em quais projetos investirá 5% da receita da venda dos chocolates Chocoprisma. Um exemplo foi a compra do maquinário necessário para fabricar papel usando fibras naturais (Figura 3.8).

21 Cf. <www.chocoprisma.com>.

Figura 3.8 – Papel artesanal produzido por um grupo de mulheres da comunidade, com maquinário adquirido com a renda gerada pelo projeto Comércio Justo da Chocoprisma.
Fonte: Os autores.

Uma dificuldade que enfrentamos foi o fato de que, para obter a certificação de Comércio Justo, os indígenas devem formar sua própria organização. A organização Comércio Justo não permite que fundações como a nossa sejam certificadas. Além disso, o processo é muito caro. Para certificar nossos chocolates, o custo é de no mínimo três mil euros por ano. Assim, embora os princípios da certificação Comércio Justo estejam alinhados com nossos objetivos, no trabalho com a comunidade indígena, decidimos que seria mais fácil e menos dispendioso obter a certificação orgânica. Os indígenas não usam insumos agrícolas na produção de cacau, e deveria ser possível obter a assessoria necessária para realizar a certificação, embora também fosse necessário um financiamento.

Desafios financeiros

Apesar de nossos bons resultados, o principal obstáculo para continuar nosso trabalho reside na necessidade de ter acesso a financiamento oportuno e adequado para cada caso específico. Embora tenhamos recebido algum apoio do Banco de Desenvolvimento da Costa Rica, não foi possível conciliar as necessidades do banco com as nossas, e tivemos que encerrar muitas das atividades que foram bem-sucedidas. Essa experiência é a mesma de muitos grupos de agricultores com projetos inovadores e lucrativos. Perguntamos: por que os bancos não estão mais bem-adaptados às necessidades reais dos agricultores?

Oportunidades para o futuro

A inovação em tecnologia agrícola é muito diferente da inovação em tecnologia da informação: enquanto nesta última é relativamente fácil aceitar a inovação, na agricultura é preciso muito tempo e dinheiro para que novas tecnologias sejam aceitas e adotadas. A inovação agrícola deveria ser desenvolvida por indivíduos e fortemente apoiada por organismos governamentais que têm financiamento suficiente e poderiam também canalizar investimentos privados.

Conclusões integradas

Em resumo, nossa estratégia integral destaca a importância de agregar valor aos produtos agrícolas, reconhecer a complementaridade na natureza e, entre as habilidades de mulheres e homens, utilizar os Diálogos Apreciativos – para impulsionar a sustentabilidade e implantar projetos nas comunidades – e aprender com a sabedoria indígena. Ao superar esses desafios, e os desafios financeiros enfrentados por muitos projetos agrícolas da região, vamos não só fortalecer nossas operações, como também contribuir significativamente para a segurança alimentar e a sustentabilidade ambiental na América Latina.

Referências bibliográficas

ARGEL, P. & RAMIREZ, A. (ed.). "Experiencias regionales con *Arachis pintoi* y planes futuros de investigación y promoción de la especie en México, Centroamérica y el Caribe". Documento de trabajo no. 159. Cali, Centro Internacional de Agricultura Tropical, ago. 1996. Disponível em <http://ciat-library.ciat.cgiar.org/Forrajes_Tropicales/pdf/2nd/ExperienciasRegionalesConArachisPintoi.pdf>. Acesso em 27/3/2025.

ARRONIS DIAZ, V. *Manual de recomendaciones sobre sistemas intensivos de producción de carne bovina*. MAG/Inta, 2010. Disponível em <https://www.mag.go.cr/bibliotecavirtual/L01-10012.pdf>. Acesso em 27/3/2025.

BRADLEY, R. "Method to treat Seeds". 2002. Disponível em <https://patents.google.com/patent/US20050272605A1/en>. Acesso em 27/3/2025.

CHARBENEAU, D. "Soy and deforestation: everything you need to know". *Animal Equality*, 28/9/2021. Disponível em <https://animalequality.org/blog/2021/09/28/soy-and-deforestation/>. Acesso em 27/3/2025.

COOPERRIDER, D. & WHITNEY, D. D. *Appreciative Inquiry: a positive revolution in change*. San Francisco, Berrett-Koehler Publishers, 2005. Disponível em <https://books.google.co.cr/books?id=sTl9HgheQBgC&newbks=1&newbks_redir=0&source=gbs_navlinks_s>. Acesso em 27/3/2025.

ELLIOTT, C. *Locating the energy for change: an introduction to appreciative inquiry*. Winnipeg, IISD, 2001. Disponível em <https://www.iisd.org/publications/locating-energy-change-introduction-appreciative-inquiry>. Acesso em 27/3/2025.

EMBRAPA. "Estilosantes Bela". 2019. Disponível em <https://www.embrapa.br/busca-de-solucoes-tecnologicas/-/produto-servico/5053/estilosantes-bela>. Acesso em 27/3/2025.

ESTADO DE LA NACIÓN. San José, Conare/PEN, 2023. Disponível em <https://estadonacion.or.cr/wp-content/uploads/2023/11/PEN_informe_estado_nacion_resumen-2024.pdf>. Acesso em 27/3/2025.

FU, J. "It's the thirstiest crop in the US south-west. Will the drought put alfalfa farmers out of business?". *The Guardian*, 12/9/2022. Disponível em <https://www.theguardian.com/environment/2022/sep/12/colorado-drought-water-alfalfa-farmers-conservation>. Acesso em 27/3/2025.

FUDESEMILLAS/MAG. "Guía para el manejo de lotes de producción de semillas de gramíneas forrajeras (*Brachiaria dictyoneura* y *B. humidicola*)". *Cosecha Manual*, 2007 (Disponível mediante solicitação por e-mail a scacri@gmail.com).

GUR, R. C. & GUR, R. "Complementarity of sex differences in brain and behavior: from laterality to multimodal neuroimaging". *Journal of Neuroscience Research*, vol. 95, jan./fev. 2017, pp. 189-199.

HEGGIE, J. "España: ¿se agotará nuestra agua?". *National Geographic*, 19/5/2020. Disponível em <https://www.nationalgeographic.es/medio-ambiente/espana-se-agotara-nuestra-agua>. Acesso em 27/3/2025.

LINDNER, J. "Alfalfa industry statistics". 2024. Disponível em <https://worldmetrics.org/alfalfa-industry-statistics/>. Acesso em 27/3/2025.

MAZZOLA, J. "Diálogos Apreciativos: una experiencia de aplicación con grupos campesinos en Centroamérica". *Guía Práctica*, 2005 (Disponível mediante solicitação por e-mail a scacri@gmail.com).

OXFAM. "The living income differential for cocoa: futures markets and price setting in an unequal value chain". 2024. Disponível em <https://oxfambelgique.be/publications/living-income-differential-cocoa-futures-markets-and-price-setting-unequal-value-chain>. Acesso em 27/3/2025.

SCHULTZE-KRAFT, R.; HUBIAO, Y.; JUN, T. *et al.* "*Stylosanthes guianensis* CIAT 184 – review of a tropical forage legume". *Tropical Grasslands-Forrajes Tropicales*, vol. 11, n. 2, maio 2023, pp. 95-120.

SCHULTZE-KRAFT, R.; RAO, I. M.; PETERS, M. *et al.* "Tropical forage legumes for environmental benefits: an overview". *Tropical Grasslands-Forrajes Tropicales*, vol. 6, n. 1, jan. 2018, pp. 1-14.

SYLVESTER BRADLEY, R. "'Legumix' *Stylosanthes* pellets: a healthier and more sustainable animal feed". *Outlook on Agriculture*, vol. 48, n. 3, ago. 2019, pp. 229-236.

THE ROYAL SOCIETY. *Ammonia: zero-carbon fertiliser, fuel and energy store: policy briefing*. London, The Royal Society, 2020.

4

Inovação social e agricultura: algumas reflexões sobre a sua importância[1]

Santiago Vélez León
Lourdes Medina Hernández
Antonio Silva Gómez
Marco Tulio Fortín Urrutia

Introdução

A inovação social tem semelhanças com o conceito de simbiose nas ciências biológicas, ao somar a colaboração e a energia coletiva para alcançar resultados. Em um contexto de mudança nos campos ambiental, econômico, social e político, aprofundar diálogos que fomentem a resiliência do meio social em relação à agricultura é um imperativo que nos obriga a repensar a forma como enfrentamos os desafios.

É cada vez mais premente, para a sobrevivência da espécie e o cuidado do planeta, conhecer melhor e promover a inovação social no campo agrícola, sobretudo neste momento em que é necessário maior resiliência para fornecer soluções inovadoras para problemas que vêm se agravando, como as mudanças climáticas, a menor produtividade, as crises de contêineres que afetaram o comércio internacional devido à sua baixa disponibilidade, e as próprias relações de mercado que aprofundam desafios cruciais, como a segurança alimentar.

Como Howaldt e Schwarz mencionam, a inovação social é definida como novas soluções – produtos, serviços, modelos de negócios etc. – que

1 Agradecimentos especiais a María José Elizarrarás, da Rede Innovagro, por suas contribuições ao texto.

sejam capazes de resolver problemas sociais eficientemente e, em conjunto a isso, estabeleçam novas relações ou colaborações sociais.[2] Há novos exemplos que poderiam ser citados, como a projeção e as mudanças na institucionalidade, na governança e na gestão da Conferência das Partes (COP), que, em suas diversas versões, têm buscado uma forma diferente de relacionamento e transferência de experiências que possam ser extrapoladas do social para o tecnológico. É possível mencionar também o fomento do Instituto Interamericano de Cooperação para a Agricultura (Iica) ao propor, como parte dos mandatos da Junta Interamericana de Agricultura, a promoção de uma aliança continental para a segurança alimentar, liderada pelos 34 países-membros, na qual sejam buscadas novas formas e soluções para questões de importância social, política, econômica e ambiental, com base na agricultura, como parte das soluções para as múltiplas crises que estamos vivendo.

No entanto, e apesar de todos reconhecermos essa necessidade, o nível de investimento em inovação e desenvolvimento no setor agrícola não tem se refletido na alocação de recursos que os países da América Latina e do Caribe (ALC) destinam a essa ação, que vinha sendo regularmente desenvolvida por centros especializados, nacionais e internacionais, os quais, infelizmente, estão passando por um processo contínuo de enfraquecimento, tanto de investimentos como de recursos. Enquanto os países de alta renda investem US$ 2,81 a cada 100 dólares, na ALC é investido apenas US$ 1 a cada 100 dólares em pesquisa, desenvolvimento e inovação (PD&I).

Portanto, a inovação social, além das estruturas formais e dos centros especializados que existiam para gerá-la, oferece uma nova alternativa que devemos valorizar com vistas à criação e à dinamização de ecossistemas de inovação fortalecidos, nos quais a participação de toda a sociedade contribua para a construção de novas formas de enfrentar desafios e nos adaptarmos a mudanças drásticas e imprevisíveis do ambiente. A inovação está passando por um momento de necessidade imperiosa de resolver os desafios do presente.

[2] Howaldt & Schwarz, 2010.

Gráfico 4.1 – Investimento agrícola em relação ao PIB, 2012-2016.

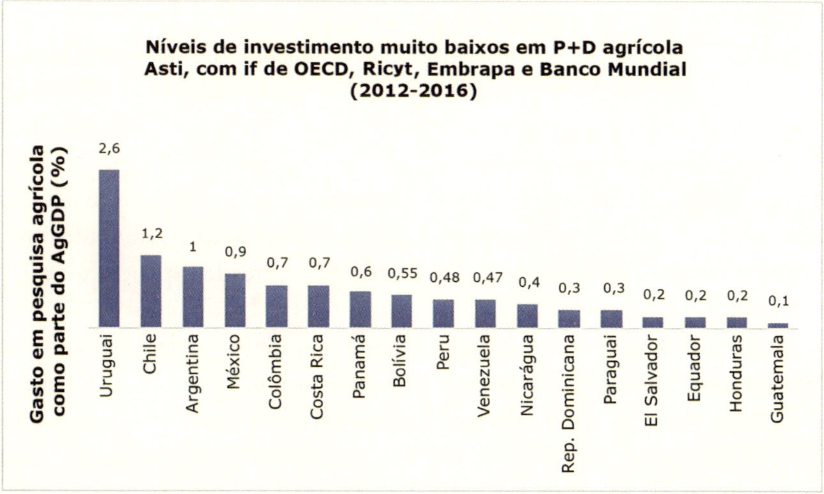

Fonte: Echeverría, 2021.

O setor agrícola precisa de inovação dinâmica para poder enfrentar as mudanças permanentes; sua suscetibilidade é alta, impactando toda a sociedade, principalmente os grupos mais vulneráveis. É mais do que necessário que nos preparemos como sociedade, gerando capacidades de resiliência diante dos processos que estão por vir, sobretudo em questões relacionadas à alimentação.

O fortalecimento dos sistemas agroalimentares, uma perspectiva social

O fortalecimento dos sistemas agroalimentares é essencial para garantir a segurança alimentar, a paz e os direitos fundamentais. O foco na inovação social na agricultura vem ganhando cada vez mais relevância, pois são os atores sociais que realizam ações diárias que podem ajudar ou prejudicar o ambiente.

O social como perspectiva coletiva de visualização do produtivo vai além da mera produção agrícola, reconhecendo a necessidade de cuidar do solo, da água e da biodiversidade como elementos fundamentais para a sustentabilidade desses sistemas. A interligação entre a agricultura, a vida e os desafios das mudanças climáticas torna-se evidente nesse contexto, em que as práticas agrícolas podem ter um impacto significativo no meio ambiente e na saúde humana, sendo a agricultura uma parte fundamental da solução para problemáticas profundas. Se essa perspectiva é vista apenas com base nas relações produtivas e sociais, como a visão social intervém na agricultura?

Pol e Ville sublinham que – para a melhoria da produção, da distribuição e do consumo de alimentos de forma sustentável – a inovação social no setor agrícola implica pensar novas maneiras de organização e cooperação entre os atores envolvidos no sistema agroalimentar.[3] Essa citação destaca a importância de adotar enfoques colaborativos e orientados para a sustentabilidade em toda a cadeia alimentar, desde a produção até o consumo.

A inovação social não se limita apenas à pesquisa e ao desenvolvimento de novas tecnologias, mas também envolve mudanças nas estruturas e dinâmicas sociais que regem o sistema agroalimentar relacionadas com processos de adoção e avaliação, de modo que as inovações originárias do social seriam projetadas, desde a sua gênese, como mudanças na educação formal e não formal, na saúde curativa e na preventiva, nos padrões de consumo, o que acaba influenciando os processos produtivos dos agricultores, entre outros, podendo se tornar questões inter e transdisciplinares.

A inovação social e o campo cultural são interdependentes, pois o cultural se transforma em produções tangíveis e intangíveis que se expressam de múltiplas formas no cotidiano, sempre atreladas ao contexto e ao devir histórico, à experiência de cada pessoa e grupo social, sendo a comida parte fundamental expressa pela cultura gastronômica e sua ligação com as histórias, tradições e memórias.

A cultura agrícola, composta dos vários grupos sociais, encontra-se em todos os lugares, traduzindo um conjunto de costumes, crenças, capacidades, comportamentos, símbolos, valores, linguagens, obras artísticas, tecnologias e hábitos que lidam com situações complexas e replicam papéis relativamente cheios de significado. Nessa perspectiva, Fernando González Rey menciona que

> [...] uma das contradições da condição humana é que a emergência do sujeito não é um processo regular e ordenado coincidente com processos socialmente considerados "positivos". O sentido de atender ao emergente é, antes, um processo tenso e caótico, sendo o desenvolvimento uma das alternativas possíveis desse processo. [...] onde a inovação convive com a subjetividade e a cultura formando

[3] Pol & Ville, 2009.

uma relação indissociável, a partir da qual é gerada não apenas uma nova concepção de propostas, ideias e soluções, mas também uma nova concepção de mundo social, que é inseparável da ação atual dos humanos.[4]

A construção social da harmonia na convivência, alimentando o senso de comunidade, é um requisito fundamental para implantar a sustentabilidade e a inovação, e também para estabelecer sociedades unidas, criativas, justas, pacíficas, engenhosas, inclusivas, inteligentes e solidárias. Essas condições são possibilitadas em espaços comunitários que facilitem a interação entre vizinhos. Deveríamos construir e testar novos instrumentos e trajetórias, enriquecendo as velhas fórmulas, para a geração de soluções baseadas em valores positivos e saberes locais, no diálogo reflexivo, consciente, calmo, e na afirmação de direitos.

Gostaríamos de expressar que existe uma correlação direta entre a contribuição da sociedade e o impacto global, em que a individualidade exerce o papel de agente aglutinador.

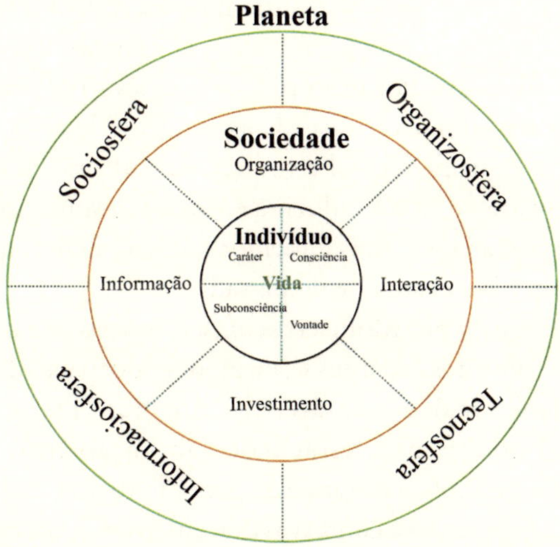

Figura 4.1 – Relação entre indivíduos, sociedade e planeta.
Fonte: Elaboração própria.

Quando pensamos na agricultura como a intersecção da parte social com seus hábitos e costumes, as informações sobre como semear e como se organizar

4 González Rey, 2013, pp. 38-39.

para o plantio, o cuidado e a colheita, e para as tecnologias que são aplicadas, podemos projetar que o indivíduo que vive em sociedade desempenha um papel fundamental nas decisões que toma com base em seu caráter, sua consciência, sua subconsciência e sua vontade, é por isso que dizemos que "a agricultura é a cultura do agro".

Da mesma forma, essas inter-relações não são planas, mas exigem adaptabilidade e resiliência aos efeitos do contexto, aspectos que desenvolveremos mais adiante.

O papel da agricultura na adaptação e na mitigação das mudanças climáticas

A agricultura não só é parte da solução para os desafios das mudanças climáticas, como ademais requer uma forte dose de energia social e inovação para enfrentá-los de forma efetiva. Isso é evidenciado pela necessidade de implementar práticas agrícolas mais sustentáveis e resilientes que possam se adaptar às alterações nas condições climáticas e contribuir para a mitigação de seus efeitos adversos. Por exemplo, em regiões propensas à seca, os agricultores podem adotar técnicas de agricultura de conservação, como plantio direto, cobertura vegetal e rotação de culturas, para melhorar a retenção de umidade do solo e reduzir a erosão. Em suma, uma agricultura climaticamente baseada em mais e melhor conhecimento, que em muitos casos dialoga com saberes atuais e do passado.

Conforme proposto por Moulaert *et al.*, a inovação social na agricultura implica que conhecimentos e recursos sejam mobilizados para o desenvolvimento de práticas agrícolas mais sustentáveis e resilientes.[5] Essa mobilização de conhecimento pode se manifestar na colaboração entre agricultores, pesquisadores e extensionistas agrícolas para identificar e compartilhar as melhores práticas adaptadas a contextos específicos. Alguns casos podem ser observados em comunidades agrícolas de vários países andinos e centro-americanos, nos quais foram estabelecidas redes de troca de sementes de variedades adaptadas ao clima local e técnicas agrícolas tradicionais que se mostraram resistentes a condições extremas.

5 Moulaert *et al.*, 2010.

A gestão do conhecimento, baseada em ciência, tecnologia e conscientização, torna-se crucial para impulsionar transformações significativas no setor agrícola, desde práticas de cultivo mais eficientes até sistemas de produção mais sustentáveis e resilientes. Isso pode incluir o desenvolvimento e a difusão de novas variedades de culturas tolerantes à seca ou resistentes a doenças, bem como o uso de tecnologias de informação e comunicação (TICs) para melhorar a gestão da água e otimizar o uso de insumos agrícolas, bioinsumos e o uso eficiente e sustentável dos recursos naturais.

Em 1999, Hock descreve, em seu livro *Birth of the chaordic age*, como as instituições se enfrentam em um contexto caracterizado pela constante travessia por tempos de caos que levam a novas ordens. Nesse contexto, fica mais evidente que os processos de geração de políticas, planejamento de estratégias, planos, programas e projetos do setor agropecuário devem considerar aspectos de cogestão e coinovação permanente para alcançar a construção desses futuros desejáveis em termos de segurança alimentar e redução da pobreza.

Ser multifatorial é a principal característica das mudanças, principalmente da climática. É difícil, senão impossível, identificar a Causa – com inicial maiúscula – dos problemas atuais pelos quais o setor agrícola está passando. Se analisarmos o aumento, a mutação e a adaptação de pragas e doenças que afetam diferentes culturas, as mudanças nos hábitos de consumo alimentar ou a lentificação de procedimentos e processos no comércio agrícola, veremos que os fatores que alteram o contexto e suas inter-relações são muitos, variados e permanentes.

Por essas razões, a coinovação requer propostas colaborativas, conjuntas, complementares e cooperativas que se desenvolvam a partir da gestão coletiva (cogestão), para além da ação individual, o que nos faz repensar a necessidade de encontrar soluções que estejam nos atores e seus acordos, como base fundamental para as mudanças rumo a uma nova institucionalidade para o setor agropecuário.

A ação local em mudanças positivas – se forem intencionais, constantes e conscientes – tem impacto social, em termos de escalabilidade e amplificação, e global, em termos de magnitude e impacto. É por isso que, nessa perspectiva, vemos a agricultura como um catalisador de mudanças positivas e sendo parte da cogestão em ações e práticas sustentáveis desde a pré-produção até o consumo.

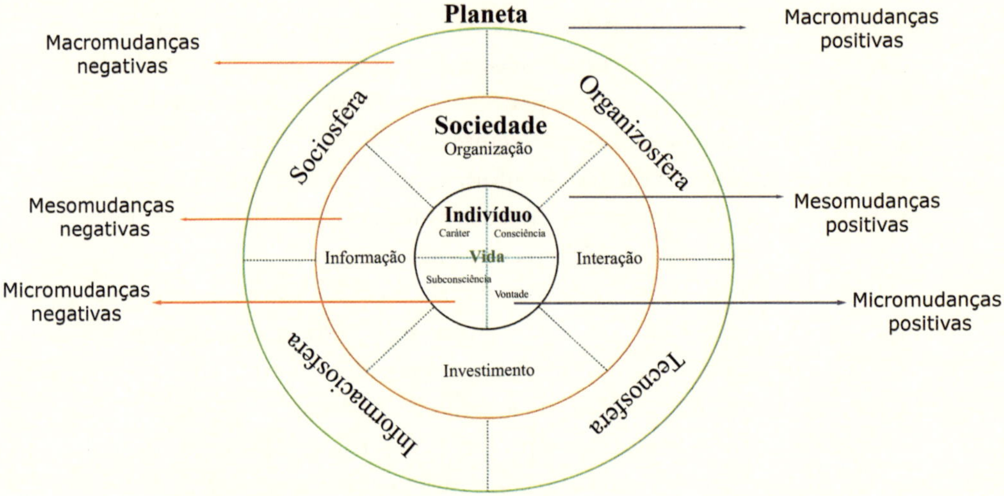

Figura 4.2 – Mudanças positivas e negativas por âmbito.
Fonte: Elaboração própria.

Considerando essa reflexão, devemos nos perguntar se realmente vamos viver em um "novo normal" no setor agropecuário, uma vez que este, por definição, está circunscrito a normas e processos relativamente conhecidos, habituais e recorrentes; ou se precisamos repensar esquemas e modelos de gestão para uma nova institucionalidade, mais resiliente, inovadora e dinâmica, que leve à geração de novos processos, ferramentas e instrumentos com capacidade de adaptação a essa complexidade. Provavelmente, é pela nova ordem desconhecida que teremos de transitar nos próximos anos.

A necessidade de maior integração entre ciência e tecnologia para a inovação

A colaboração e a troca de conhecimentos entre vários atores no âmbito agrícola – como instituições governamentais, empresas privadas, instituições acadêmicas e organizações de cooperação – assemelham-se aos princípios da inovação social, que buscam mobilizar recursos e conhecimentos para enfrentar os desafios sociais de forma efetiva e sustentável. Na agricultura, esses diversos atores se unem para desenvolver práticas agrícolas mais sustentáveis e resilientes.

Então, assim como a inovação social procura gerar soluções inovadoras e sustentáveis para resolver problemas sociais, na agricultura, a colaboração entre diversos atores busca desenvolver práticas inovadoras e sustentáveis para enfrentar os desafios do setor agrícola, buscando a segurança alimentar, a eficiência no uso de recursos e a mitigação das mudanças climáticas. Em ambos os casos, a colaboração e o intercâmbio de conhecimentos são essenciais para impulsionar o progresso e a mudança em direção a um futuro mais sustentável.

Além disso, esse contexto é acompanhado por avanços que também estão mudando mais rapidamente do que nossa capacidade de os reconhecer e os aplicar sobretudo em tecnologias disruptivas que facilitam a adaptação à complexidade descrita antes. A necessidade imperiosa de lidar com muitas variáveis para poder projetar e realizar análises prospectivas, tomar decisões e gerenciar o setor agropecuário tornou o uso de *big data*, por exemplo, indispensável para as instituições do setor. O mesmo ocorreu com diversos recursos que podem ser usados na agricultura, como inteligência artificial, *machine learning*, internet das coisas e instrumentos de suporte (*drones*, nanocomputadores, *nanochips*, robôs etc.), de modo que, hoje, as *agtechs* e *fintechs* já integram o cotidiano.[6]

Esse contexto também conta com novas formas de fazer as coisas e propor soluções baseadas em aproximações sucessivas, em que o usuário é protagonista na definição de produtos e serviços; e no qual os avanços nos modelos de gestão para obtê-los, como o método *Lean Startup*, exemplificam as novas formas de cogestão a partir de coinovações adaptativas em processos, ferramentas e instrumentos, com técnicas que agora a nova institucionalidade do setor agropecuário precisa considerar para empreender suas ações de reconfiguração.

Uma institucionalidade baseada na inovação social para o setor agrícola a partir das novas inter-relações e dinâmicas entre atores

As mudanças mencionadas nos levam a novos desafios na institucionalidade do setor. É cada vez mais necessário reduzir ou fechar as lacunas na geração,

[6] *Agtechs* e *fintechs* referem-se à tecnologia aplicada à agricultura e às finanças, respectivamente.

no acesso e no uso dessas inovações adaptativas, uma vez que o objetivo da nova institucionalidade é uma questão central baseada na resiliência, cujo acesso pode ser facilitado pela troca de conhecimentos em plataformas e redes que sejam verdadeiramente convergentes entre instituições públicas, produtivas privadas, sociais, acadêmicas e de cooperação.

Uma institucionalidade agropecuária com visão de "sistema interconectado" poderia gerar espaços para uma ação colaborativa mais horizontal, projetando também que as gerações de revezamento de jovens e mulheres que estão ligadas à produção de alimentos em áreas rurais e urbanas, as quais possuem outra perspectiva de fazer as coisas, tenham uma relevância predominante nestes tempos. A ALC, como fornecedora mundial de alimentos, tem vantagens comparativas e competitivas em termos de fatores de produção; certamente, o principal aspecto diferenciador será dado pelo talento dos atores ligados ao setor agropecuário e por sua capacidade de gerar interações positivas e sinérgicas.

Para tanto, a institucionalidade e o papel do social, que vemos como um ecossistema com características semelhantes às que ocorrem nos organismos vivos, requerem a existência de princípios e catalisadores de interações entre os atores que levem à elaboração de políticas públicas baseadas em evidências e planejamento estratégico por cenários, gerando estratégias coinovadoras que sejam adaptativas e constituam alicerces para a construção de uma institucionalidade do setor agropecuário com maior presença e comprometimento dos atores do tecido social nos territórios rurais.

Portanto, os futuros acordos para essa institucionalidade agropecuária deverão considerar que os princípios e catalisadores das interações vão além dos interesses particulares, fazendo prevalecer a visão integral de desenvolvimento que cada Estado proponha. Avançar de forma sustentável na construção de políticas, planos, estratégias, programas e projetos requer que esses sejam resultantes de um processo de consenso ou dissenso, o que exige que os princípios e catalisadores de interação da nova institucionalidade estejam de acordo com a nova realidade que estamos vivenciando no setor agrícola e rural.

Se quisermos que a inovação tecnológica seja um elemento disruptivo que catalise as interações dos atores da nova institucionalidade como coadjuvante para vencer os desafios e aproveitar as oportunidades surgidas (ou incrementadas) após a covid-19 nas cadeias de valor agrícolas, é essencial que a ALC continue a fortalecer os sistemas nacionais de inovação a partir de uma nova perspectiva, além de promover de forma complementar o desenvolvimento de ecossistemas de inovação usando novas metodologias de gestão, com ciclos iterativos de aprendizagem validada que atuem como dinamizadores desses ecossistemas por meio da geração de redes de inovadores (*makers*) que agilizem a adaptação e a produção de novas tecnologias.

A necessidade de repensar a nova institucionalidade a partir de esquemas de cogestão, tendo em vista as inter-relações entre o meio urbano e o rural, a importância emergente das cidades medianas como amortecedoras da migração e desencadeadoras de oportunidades para a dinamização econômica baseada no setor agropecuário, leva-nos a considerar novos arranjos sociais, econômicos e políticos, valorizando os processos de descentralização e regionalização, de acordo com a realidade de cada território.

Nos territórios rurais, as organizações de produtores também viram a dificuldade de seus líderes para unir-se, organizar-se e planejar ações com a pandemia de covid-19 em curso. As formas de extensionismo se tornaram diferentes, em virtude das limitações na mobilidade dos extensionistas e da impossibilidade de reunir os produtores para realizar processos de qualificação, como vinha sendo feito antes, nos esquemas tradicionais.

Mesmo as instituições públicas do setor agropecuário precisaram definir limitações para que suas equipes técnicas trabalhassem em conjunto, como tradicionalmente faziam em espaços comuns e nos programas, projetos e ações que desenvolviam no campo, que foram dificultados pelas restrições da quarentena implementada por cada país.

A situação foi semelhante no setor privado, na cooperação internacional e na academia, exigindo a criação de novos espaços para o diálogo, a elaboração e o intercâmbio de informações. Além disso, todos os atores também tiveram que implementar protocolos de biossegurança com o objetivo de proteger a vida das pessoas, mas ao mesmo tempo com a responsabilidade de continuar fornecendo serviços e produtos alimentares saudáveis e adequados, que chegassem aos mercados de maneira oportuna.

O que move a institucionalidade do setor é a dinâmica dos atores e suas inter-relações. Repensar essas regras implícitas ou explícitas de relacionamentos requer uma análise particular para implementar as formas de veto e aceitação de acordos que são alcançadas nas múltiplas dinâmicas existentes no setor agropecuário – sejam sociais, produtivas, comerciais e até políticas, onde a coinovação é transversal a elas.

Uma nova institucionalidade: coinovações e tecnologias disruptivas como catalisadoras de novos arranjos sociais

Sem dúvida, a virtualidade veio para ficar e com ela a reconfiguração dos diferentes acordos da sociedade. Por esse motivo, devemos repensar as relações, os processos e os métodos que conhecíamos, pois as mudanças tendem a ser cada vez mais repentinas e desconhecidas. Podemos analisar esses novos acordos, de forma muito básica, de três perspectivas:

- *Acordos sociais*: Parece que algo para o qual a sociedade converge e que pode ser um bom começo para esse acordo é que o ponto de partida deve estar vinculado aos Objetivos de Desenvolvimento Sustentável (ODS) e aos Limites Planetários.[7] Os acordos sociais são válidos como uma decisão coletiva que expressa a vontade de um grupo pactuando as regras de colaboração entre os atores de uma sociedade com um objetivo comum – nesse caso, a segurança alimentar e nutricional da população. As parcerias públicas-públicas, públicas-privadas e privadas--privadas são fundamentais para o funcionamento de tais acordos.
- *Acordos produtivos*: Existem várias técnicas e tecnologias destinadas a melhorar a produção e a produtividade no setor agropecuário. Cada Estado deve identificar aquelas que melhor se adaptam à sua visão de desenvolvimento do setor, e é essencial que as decisões sejam tomadas com base na ciência. Os comitês mistos de biotecnologia e biossegurança têm um papel estratégico em relação à aplicação dessas técnicas e tecnologias, sendo necessária a participação multiministerial, interinstitucional e multidisciplinar de atores públicos-privados-sociais e da academia, para que se tenha todos os tipos de visões. Será de particular relevância aplicar o enfoque bioeconômico em tais acordos

7 Trata-se de um quadro conceitual que avalia o estado de nove processos indispensáveis para a estabilidade do Sistema Terra, são eles: (a) mudanças climáticas; (b) biodiversidade; (c) alterações no uso do solo; (d) usos da água doce; (e) fluxos bioquímicos; (f) acidificação dos oceanos; (g) carga de aerossol atmosférico; (h) destruição da camada de ozônio; e (i) indução de novas entidades. Esse conceito foi proposto em 2009 por um grupo de 28 cientistas liderados por Johan Rockström, do Centro de Resiliência de Estocolmo (SRC), e Will Steffen, da Universidade Nacional da Austrália (ANU). O conceito foi destacado em revistas científicas de prestígio, como a *Nature* e a *Science*, e tornou-se um quadro conceitual de referência que atualmente é utilizado pela ONU e pelo Fórum Econômico Mundial em Davos.

como alternativa para a diversificação produtiva e a agregação de valor no meio rural, especialmente nos setores agrícola e agroindustrial como crisol dos objetivos perseguidos de segurança alimentar e conservação ambiental.

- *Acordos comerciais*: A Organização Mundial do Comércio (OMC) e o multilateralismo têm o grande desafio de definir as novas regras do jogo nos acordos comerciais. Os tratados comerciais como os conhecíamos são importantes em termos de acordos bi ou multilaterais, promovendo sobretudo a segurança alimentar global. A cadeia alimentar e o uso de tecnologia deveriam priorizar a redução de custos e processos que facilitem o comércio nacional e internacional.

Nesses processos, a virtualidade é um dos fatores de maior disrupção e aceleração, fomentando mudanças nas inovações tecnológicas que já foram vistas como etéreas ou distantes. Algumas das inovações que podem ser utilizadas na construção dessa nova institucionalidade do setor agropecuário estão descritas no Quadro 4.1.

Quadro 4.1 – Opções de cogestão e inovação na perspectiva social com potencial impacto na agricultura.

- *Crowdsourcing*: Alternativa para a formulação de políticas públicas. Em 2006, Jeff Howe já definia o *crowdsourcing*; e, em 2012, a partir do levantamento de mais de 40 definições diferentes do termo, Estellés-Arolas e González-Ladrón-de-Guevara o descreveram como uma atividade participativa *on-line* em que pessoas, instituições, organizações sem fins lucrativos ou empresas propõem a um grupo de indivíduos com conhecimento especializado – em que haja heterogeneidade e um número variável – a realização voluntária de uma tarefa através de uma chamada aberta flexível. A execução dessa tarefa, de complexidade e modularidade variadas, na qual todos devem participar – contribuindo com seu trabalho, dinheiro, conhecimento ou experiência –, sempre envolve um benefício mútuo. De acordo com estudos baseados em experiências bem-sucedidas na Malásia e na Finlândia, Rey (2015) identifica cinco princípios básicos para que o *crowdsourcing* produza bons resultados: (a) inclusão, (b) transparência, (c) prestação de contas, diálogo fluido e não ser um simples repositório de ideias, (d) modularidade e estrutura, e (e) síntese e disseminação de resultados.

- *Crowdfunding*: Alternativa para a nova cogestão financeira do setor agropecuário, também conhecida como financiamento coletivo ou micromecenato. Os primeiros esforços de *crowdfunding* relatados datam de 2009, e, de acordo com o observatório Trendwatching (2014), essa foi considerada a tendência mundial número um de 2013. Esse tipo de prática veio redefinir a concepção do capital, porque, nela, nenhum valor é pequeno. É pertinente mencionar que, na cultura andina, há uma prática de apoio coletivo chamada de "Minga", que é a realização de um trabalho ou contribuições de todos os membros da comunidade em benefício de uma pessoa. Essa ação é de caráter rotativo e de retorno solidário da pessoa que dela necessite no futuro.
- *Alianças de aprendizagem*: Alternativa à gestão tradicional do conhecimento aplicada ao desenvolvimento em territórios rurais. De acordo com Lundy (2005), uma aliança de aprendizagem pode ser concebida como espaços colaborativos e experimentais em que ocorre um processo compartilhado entre seus participantes, por meio do qual a troca é facilitada. O objetivo é melhorar as capacidades, mediante a troca de informações, métodos, estratégias e políticas, com base no conhecimento coletivo. Essa modalidade de governança veio revolucionar a forma como as trocas são geradas entre os vários atores. Um exemplo disso são as novas formas de cogestão da cooperação técnica ou do extensionismo entre instâncias governamentais e territórios rurais.
- *Mindlabs e fablabs*: Laboratórios de inovação pública, como uma alternativa complementar aos sistemas de inovação local. Uma das características mais relevantes da governança colaborativa é a ênfase na coinovação. Conscientes de que os desafios são de magnitude sem precedentes, os governos optam cada vez mais por instaurar, como parte da estrutura pública, os *mindlabs*. De acordo com o *blog* Schumpeter (2014), da revista *The Economist*, a popularidade desses laboratórios é sem precedentes, e a tendência a estabelecê-los tornou-se uma prática disseminada em vários países que reconhecem a importância de dar um salto para a tomada de decisão baseada em evidências, criativa e inovadora. Diante disso, o referido *blog* destaca que, com frequência, a cocriação anda de mãos dadas com a inovação aberta e a economia compartilhada.

Fonte: Elaboração própria.

A necessidade de reconhecimento do papel central dos agricultores

Reconhecer o papel central dos agricultores é imprescindível para promover uma agricultura mais sustentável e inovadora. Murray, Caulier-Grice e Mulgan afirmam que, na agricultura, a inovação social depende de que os agricultores participem ativamente na concepção e na implementação de novas práticas agrícolas.[8] O conhecimento e a experiência dos agricultores devem ser valorizados e levados em consideração na concepção e na implementação de políticas e programas agrícolas.

O reconhecimento de seu papel central sempre foi essencial, não só no contexto atual. Desde os primórdios da civilização, os agricultores têm desempenhado um papel fundamental na seleção, no cultivo e na propagação de plantas e animais para satisfazer as necessidades humanas. Esse processo de domesticação de espécies, que remonta a milhares de anos, representa uma forma primitiva de inovação social na agricultura. Os agricultores das antigas civilizações, como sumérios, egípcios e mesoamericanos, desenvolveram técnicas agrícolas inovadoras que lhes permitiram adaptar-se a diferentes entornos e melhorar a produtividade de suas colheitas.

Entre os agricultores, é ainda de lamentar que o papel da mulher como garante do cuidado da diversidade genética, dos animais e como garante da alimentação das crianças e da família – uma das várias tarefas a seu cargo – continue sendo pouco valorizado. Felizmente, existem movimentos emergentes no mundo que resgatam esses valores de cuidado que são mais típicos das mulheres, e, agora, alguns grupos de jovens têm essa sensibilidade, perante a situação que o planeta está vivendo.

A importância de reconhecer o papel dos agricultores na inovação social reside em seu profundo conhecimento do meio ambiente e das práticas agrícolas tradicionais. Esse conhecimento empírico, transmitido de geração em geração, tem sido crucial para o desenvolvimento de sistemas agrícolas resilientes e sustentáveis em várias partes do mundo. Além disso, a participação ativa dos agricultores na concepção e na implementação de práticas agrícolas inovadoras é fundamental para garantir sua viabilidade e sua aceitação no contexto local.

8 Murray; Caulier-Grice & Mulgan, 2010.

É importante olhar para trás, para o laboratório primitivo de todas as inovações agrícolas que existem em muitas comunidades nos países em desenvolvimento, onde os agricultores implementaram e adaptaram métodos de cultivo às suas condições específicas, como técnicas de conservação da água, sistemas agroflorestais e práticas de manejo integrado de pragas. Essas inovações locais não só melhoraram a produtividade agrícola, como também contribuíram para a conservação dos recursos naturais e para a resiliência dos sistemas alimentares locais.

Nesse sentido, a inovação social na agricultura implica o bom uso do conhecimento e da experiência dos agricultores para projetar e implementar soluções adaptadas às necessidades e aos contextos locais. Ao envolver ativamente os agricultores no processo de inovação, promove-se uma agricultura mais sustentável e inovadora que aborda os desafios atuais, como a segurança alimentar, a resiliência climática e a conservação da biodiversidade.

Reflexões sobre a inovação social na agricultura

A inovação social na agricultura demanda uma mudança de paradigma para um enfoque mais biocêntrico, deixando de lado o antropocentrismo, no qual se reconhece a interdependência entre os sistemas naturais e a atividade humana. Isso requer uma integração do pensamento sistêmico na educação agrícola, preparando os profissionais do setor para enfrentar os desafios atuais e futuros de maneira holística e sustentável.

Da perspectiva da complexidade proposta por Fritjof Capra, os sistemas agrícolas podem ser entendidos como sistemas complexos, em que as interações entre os vários componentes (como solo, plantas, animais, clima e humanos) geram um comportamento emergente que não pode ser totalmente compreendido por meio de uma abordagem reducionista. Nesse sentido, a inovação social na agricultura deve considerar essa complexidade, reconhecendo as interconexões e promovendo soluções abrangentes e adaptativas.

Os trabalhos de Fritjof Capra e Edgar Morin nos permitem entender que os sistemas agrícolas apresentam uma complexidade inerente. O primeiro argumenta que os sistemas vivos, incluindo os ecossistemas agrícolas, exibem propriedades emergentes que não podem ser explicadas unicamente pela análise de suas partes individuais. Em seu livro *A teia da vida*, Capra explica como os sistemas vivos são redes de relações dinâmicas, onde as interações entre os diferentes elementos levam a comportamentos globais não lineares.[9]

Isso é evidente na perspectiva de muitos povos originários, como os incas, os maias e os astecas, segundo a qual a agricultura, o solo, as plantas, os animais, o clima e os seres humanos interagem de forma complexa e dinâmica. Um exemplo disso é o conceito de "Milpa", em que, além da simbiose dada pelas culturas, há outros elementos, como a saúde do solo, que influenciam a produtividade das culturas e a biodiversidade do ecossistema agrícola. Por sua vez, a diversidade e a rotação de culturas podem influenciar a resistência dos sistemas agrícolas a pragas e doenças. Essas interações múltiplas e entrelaçadas geram padrões emergentes de comportamento que não podem ser totalmente previstos nem compreendidos por meio de uma abordagem reducionista de causa e efeito. Na Milpa, não se trata apenas da interação das culturas em sua sucessão, pois a complexidade é ainda maior quando se inclui a variável que esse sistema garante; em outras palavras, não se trata apenas da saúde dos agroecossistemas, mas também da vida e do arraigo da família.

Nesse contexto, a inovação social na agricultura deve abordar essa complexidade sistêmica, reconhecendo as interconexões e promovendo soluções abrangentes e adaptativas. Edgar Morin, em sua obra *O método*, propõe um enfoque transdisciplinar que busca compreender a realidade em toda a sua complexidade, integrando diferentes perspectivas e níveis de análise.[10] No caso da agricultura, isso implica considerar tanto os aspectos técnicos e produtivos quanto os aspectos sociais, econômicos, culturais e ambientais.

Esse "pensamento complexo" reconhece a impossibilidade de reduzir os fenômenos naturais e sociais a explicações lineares e simplistas. Em sua abordagem, a realidade é entendida como uma rede de relações interdependentes, na qual mudanças em um componente podem ter efeitos em todo o sistema. Essa perspectiva destaca a importância da incerteza, da recursividade e do *feedback* nos sistemas complexos, elementos fundamentais a serem considerados no enfrentamento dos desafios agrícolas contemporâneos.

A implementação desses princípios na agricultura fomenta a adoção de enfoques como a agroecologia, a bioeconomia e a aplicação de conhecimentos científicos em física quântica em conjunto com os saberes locais e tradicionais. Tal processo busca desenvolver sistemas agrícolas mais resilientes e sustentáveis.

9 Capra, 1996.

10 Morin, 2008.

Esses enfoques reconhecem a diversidade biológica e cultural dos sistemas agrícolas e buscam fortalecer a capacidade de adaptação dos agricultores às mudanças ambientais e socioeconômicas.

Em resumo, consideramos que a inovação social é indispensável por envolver:

1. *Integração dos saberes locais com enfoques interdisciplinares*: A inovação social na agricultura deve reconhecer e valorizar os saberes locais, bem como estimular a colaboração entre várias disciplinas. Isso envolve a integração de conhecimentos científicos com práticas tradicionais para desenvolver soluções efetivas e adaptadas a contextos específicos. Aqui vale mencionar que os saberes locais são multidisciplinares, mas naturalmente apresentados e abordados de forma holística pelos produtores; são os cientistas e técnicos que têm uma visão separada, compartimental ou "estanque" da realidade, e sua integração é um desafio.

2. *Promoção da sustentabilidade e da segurança alimentar*: O objetivo fundamental da inovação social na agricultura é promover a sustentabilidade e garantir a segurança alimentar. Ao aproveitar os saberes locais e adotar enfoques interdisciplinares, podem ser desenvolvidas práticas agrícolas mais respeitosas com o meio ambiente e capazes de alimentar as comunidades de forma sustentável.

3. *Bem-estar das comunidades rurais*: A inovação social na agricultura não busca apenas melhorar a produtividade e a eficiência do setor, mas também favorecer o bem-estar das comunidades rurais. Isso implica criar oportunidades econômicas, reforçar a coesão social e melhorar a qualidade de vida dos agricultores e de suas famílias.

4. *Compromisso contínuo com a inovação*: A inovação social na agricultura requer compromisso contínuo por parte de todos os atores envolvidos, incluindo agricultores, instituições governamentais, organizações não governamentais, empresas privadas e a sociedade em seu conjunto. É necessário estimular uma cultura de inovação e aprendizagem constante para enfrentar os desafios cambiantes do setor agrícola.

5. *Colaboração entre diversos atores*: A colaboração e o trabalho em rede entre os diversos atores são essenciais para impulsionar o progresso no âmbito da inovação social na agricultura. Isso inclui a cooperação entre agricultores, pesquisadores, extensionistas agrícolas, agências governamentais e organizações da sociedade civil para identificar e implementar soluções inovadoras.

6. *Avanços rumo a um futuro agrícola mais resiliente e equitativo*: Finalmente, a inovação social na agricultura representa um passo em direção a um futuro

agrícola mais resiliente e equitativo. Ao integrar os saberes locais, enfoques interdisciplinares e uma gestão social eficaz da energia, os desafios presentes e futuros do setor agrícola poderão ser superados, contribuindo assim para o desenvolvimento sustentável e o bem-estar das comunidades rurais.

Referências bibliográficas

CAPRA, F. *The web of life: a new scientific understanding of living systems*. New York, Anchor Books, 1996.

ECHEVERRÍA, R. G. *Innovation for sustainable, healthy, and inclusive agrifood systems and rural societies in Latin America and the Caribbean – framework for action 2021-2025*. Santiago, FAO, 2021.

ESTELLÉS-AROLAS, E. & GONZÁLEZ-LADRÓN-DE-GUEVARA, F. "Towards an integrated crowdsourcing definition". *Journal of Information Science*, vol. 38, n. 2, 2012, pp. 1-14.

GONZÁLEZ REY, F. "La subjetividad en una perspectiva cultural-histórica: avanzando sobre un legado inconcluso". *CS*, n. 11, 2013, pp. 19-42.

HOCK, D. *Birth of the chaordic age*. San Francisco, Berrett-Koehler, 1999.

HOWALDT, J. & SCHWARZ, M. "Social innovation: concepts, research fields and international trends". *In*: SCHOEDER, A. & SCHWARZ, M. (ed.). *Social innovation: solutions for a sustainable future*. Springer, 2010, pp. 25-38.

HOWE, J. "The rise of crowdsourcing". *Wired Magazine*, vol. 14, n. 6, 2006, pp. 1-4.

LUNDY, P. "Coming to terms with knowledge management: understanding the role of communities of practice in military capability development". *Journal of Knowledge Management*, vol. 9, n. 1, 2005, pp. 109-125.

MORIN, E. *On complexity*. Cresskill, Hampton Press, 2008.

MOULAERT, F. *et al.* (ed.). *The international handbook on social innovation: collective action, social learning and transdisciplinary research*. Northampton, Edward Elgar Publishing, 2010.

MURRAY, R.; CAULIER-GRICE, J. & MULGAN, G. *The open book of social innovation*. London, National Endowment for Science, Technology and the Arts (Nesta), 2010.

POL, E. & VILLE, S. "Social innovation: buzz word or enduring term?". *The Journal of Socio-Economics*, vol. 38, n. 6, 2009, pp. 878-885.

REY, L. "¿Qué nos dice la evidencia sobre el crowdsourcing como mecanismo de apoyo a la toma de decisiones en la formulación de políticas públicas?". Universidad Autónoma de Madrid, 2015.

"TEST-tube government". *The Economist*, Schumpeter (Business), 6/12/2014. Disponível em <https://www.economist.com/business/2014/12/04/test-tube-government>. Acesso em 26/3/2025.

TRENDWATCHING. "Trend Briefing: crowd cultures". 2014. Disponível em <https://trendwatching.com/quarterly/2014-09/crowd-cultures/>. Acesso em 26/3/2025.

5

Traçando o caminho para a sustentabilidade agrícola: perspectivas sobre mudanças climáticas, fenologia de cultivo e desafios atuais

Martha Montoya-Alvarado
Daniela Méndez-Valencia
Jesús Barajas-Prado
Jennifer Sanchez-Pardo

Do campo à mesa, um longo caminho

De acordo com a Organização Mundial da Saúde (OMS), a segurança alimentar, a nutrição e a inocuidade dos alimentos estão intrinsecamente ligadas. Alimentos sem segurança geram um ciclo prejudicial de doenças e desnutrição. A globalização, ao aumentar a demanda por uma maior variedade de alimentos, resultou em uma cadeia alimentar mundial cada vez mais extensa e complexa.

O aumento da população mundial e a intensificação da agricultura e da pecuária apresentam desafios e oportunidades para garantir a segurança alimentar, especialmente diante das mudanças climáticas. Os produtores e distribuidores de alimentos têm uma responsabilidade maior nesse sentido, o que exige acesso integral a informações sobre a cadeia de abastecimento de alimentos e a colaboração de todos os envolvidos no processo (Figura 5.1).

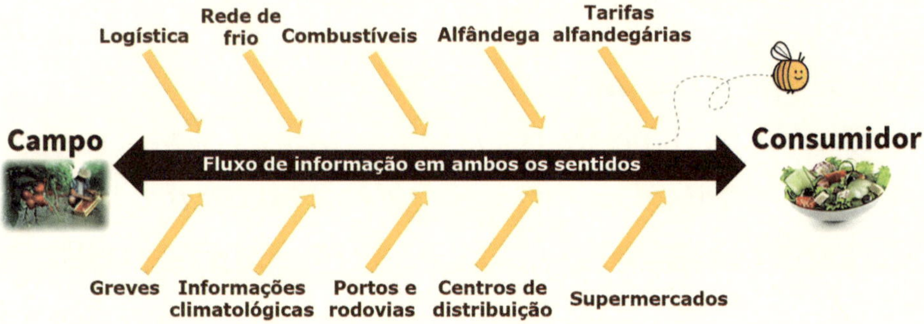

Figura 5.1 – Fluxo de informações na cadeia de comercialização agrícola.
Fonte: Agtools, 2024.

Demanda global

A crescente demanda por produtos agrícolas pressiona os recursos naturais. A agricultura enfrenta desafios como adaptação às mudanças climáticas, conservação de *habitats* e manutenção da biodiversidade. Espera-se uma diminuição da população rural, com menos pessoas dedicadas à agricultura, o que impulsiona a necessidade de desenvolver tecnologias para aumentar a produção em áreas menores, com menos mão de obra.

As diferentes gerações, etnias, as necessidades que vão se alterando, a influência da globalização e as mudanças nos hábitos de consumo são fatores que afetam o modo como as pessoas escolhem e consomem produtos. Portanto, é crucial desenvolver constantemente novas estratégias que permitam nossa adaptação a essas mudanças no comportamento do consumidor (Figura 5.2).

Figura 5.2 – Demanda de alimentos e transformação social.
Fonte: Agtools, 2024.

A abordagem convencional da cadeia de suprimentos segue uma linha direta da produção ao consumidor final. Essa análise abrangente das informações em todos os pontos da cadeia permite uma tomada de decisão mais informada. Dessa forma, estamos adotando uma perspectiva linear que se estende do campo ao consumidor, mas agora com a integração de dados em todos os serviços envolvidos (Figura 5.3).

Figura 5.3 – Pensamento linear da cadeia de comercialização.
Fonte: Agtools, 2024.

As Américas são uma importante fonte de alimentos em todo o mundo, destacando a necessidade de rever os modelos de produção. A cadeia de suprimentos global enfrenta desafios econômicos, políticos, sociais, tecnológicos e ambientais, juntamente com mudanças na demanda, flutuação de preços, regulamentações comerciais, condições climáticas e riscos geopolíticos. Administrar essas variáveis de forma eficiente é crucial para otimizar seu funcionamento em um contexto global complexo. Isso implica a adoção de abordagens inovadoras que promovam a sustentabilidade e a eficiência, bem como uma colaboração mais estreita entre os atores da cadeia de suprimentos.

Com o aumento da produção, aumenta a perda de produtos agrícolas durante o transporte das áreas de cultivo para os centros de distribuição globais. Estima-se que 62.500 caminhões carregados com produtos agrícolas sejam desperdiçados todos os dias, o que equivale a 30% da produção total.

Essa perda é atribuída a 76 variáveis, incluindo as mudanças nas condições climáticas e as crises atuais.

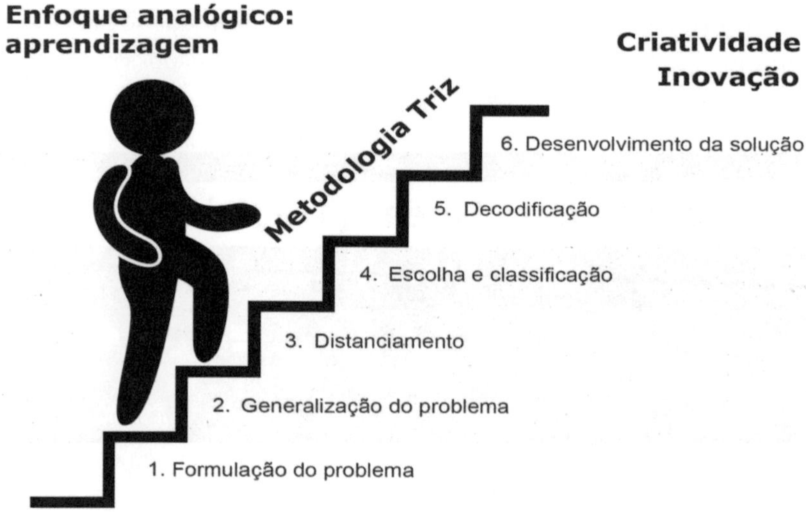

Figura 5.4 – Metodologia Triz.
Fonte: Téllez; González & Rivera, 2014.

A metodologia Triz, desenvolvida por Genrich Altshuller e seus colegas na União Soviética em 1946, é uma ferramenta baseada no pensamento sistêmico que facilita a criação de soluções inovadoras e tecnológicas. Usada para desenvolver novos produtos e melhorar processos já existentes, estimula a criatividade (Figura 5.4), de acordo com dados apresentados em 2011 por Álvarez Aros.

Esse método está adaptado para levar em consideração as 76 variáveis necessárias à administração eficaz de todo o processo de produção, desde o planejamento e a seleção da safra até a entrega ao consumidor, com base em dados relevantes. Isso é essencial para transformar nossa visão, como consumidores, a respeito do desperdício de alimentos.

Mudanças climáticas

A todas essas variáveis, agora acrescentamos as mudanças climáticas e como administrá-las com as mudanças do mercado e os desafios geopolíticos. A expressão "mudança climática" refere-se a alterações nos padrões climáticos médios de um lugar ou de todo o planeta, observadas durante um longo período. Essas mudanças podem ser de origem natural ou induzidas pela atividade humana. Argumenta-se que, desde o século XIX, as atividades relacionadas à queima de combustíveis fósseis têm sido a principal causa das mudanças climáticas. Essa atividade eleva os níveis de gases de efeito estufa na atmosfera, os quais retêm o calor solar e provocam um aumento na temperatura média da superfície terrestre, que atualmente está em torno a 1,1 °C acima da registrada no período pré-industrial. As mudanças climáticas tiveram vários efeitos, como o derretimento das geleiras e, como consequência, o aumento do nível do mar. Além disso, têm ocasionado fenômenos extremos, como secas, inundações, incêndios florestais, perda de biodiversidade e ameaças à segurança alimentar.

Impacto na fenologia e na produção de várias culturas

A produção de frutas e hortaliças começa com a germinação da semente e continua com a expansão das folhas, o aparecimento de brotos laterais, o alongamento do caule em preparação para o surgimento e a abertura das inflorescências, seguido pela formação e pelo amadurecimento dos frutos, culminando finalmente na senescência, tanto dos frutos como do resto da planta. Esses diversos estágios de crescimento e desenvolvimento das plantas são conhecidos como estágios fenológicos, e sua ocorrência está intimamente ligada às condições climáticas predominantes (Figura 5.5).

Dada a estreita conexão entre a fenologia das plantas e as condições ambientais, as mudanças climáticas podem ter consequências adversas na qualidade comercial e na produtividade de vários produtos hortícolas. As condições climáticas que prevalecem globalmente impactam o crescimento e o desenvolvimento das plantas, bem como o comportamento e o ciclo de vida.

A fenologia das plantas destaca-se como um elemento de grande importância para a disponibilidade de alimentos. Dada a evidente influência das mudanças climáticas na fenologia, e seu impacto direto na oferta de alimentos, é imperativo conscientizar a população sobre esses aspectos. A análise de dados climáticos e tendências de mercado torna-se essencial ao examinar casos em que a fenologia é afetada, o que repercute diretamente na disponibilidade de frutas e vegetais.

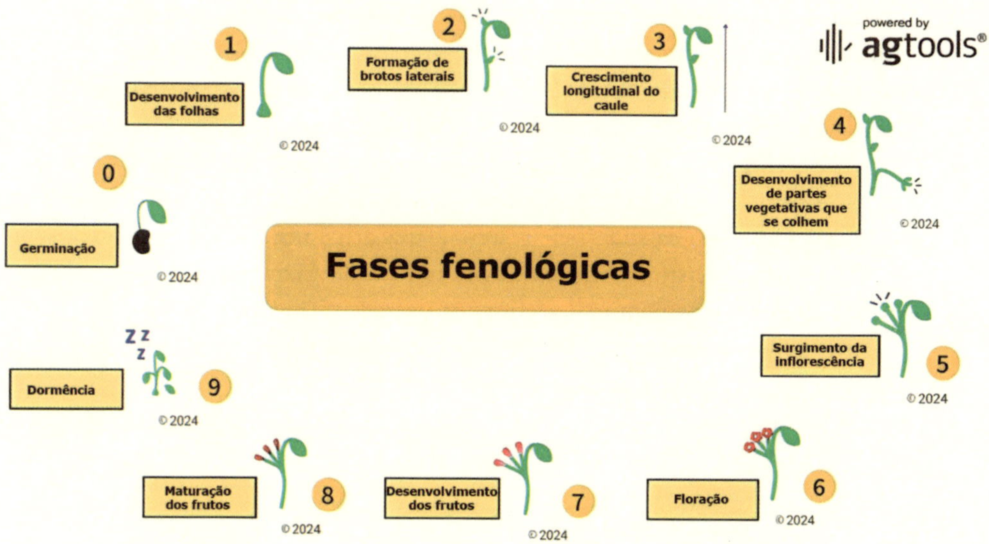

Figura 5.5 – Representação da escala BBCH de fases fenológicas, adaptada por Agtools. Fonte: Agtools, 2024.

Baixas temperaturas e atraso na colheita de melões-cantalupo em Yuma, Arizona, Estados Unidos

Em 2023, o condado de Yuma, conhecido como o principal produtor de melão do Arizona, foi afetado por uma estação excepcionalmente fria. Esse fenômeno teve um impacto significativo na produção agrícola, sobretudo na indústria local de melão. A baixa temperatura adiou consideravelmente o amadurecimento dessa fruta, atrasando consequentemente a colheita, como podemos ver no Gráfico 5.1.

Excesso de horas de frio e atraso na vindima em Caborca, Sonora, México

O ocorrido recentemente em Caborca, Sonora, México, ilustra a conexão entre mudanças climáticas e fenologia, como evidenciado no caso da colheita das uvas. A quantidade incomum de horas frias durante o inverno de 2022, na fase de dormência, atrasou a colheita de 2023 (Gráfico 5.2), mas, por outro lado, impulsionou um crescimento notável das gemas, resultando em uma colheita de qualidade excepcional e um volume recorde. Contudo, esse caso não reflete a norma, pois os eventos climáticos também podem causar danos irreversíveis às lavouras, levando à ausência de produtos no mercado.[1]

Os riscos à produção de alface na Califórnia, Estados Unidos

A alface é outra cultura que sofreu fortes impactos devido à variabilidade climática na Califórnia, incluindo períodos de seca, temperaturas extremas e chuvas intensas, como parte de um fenômeno climático severo exacerbado pelas mudanças climáticas. Essas condições levaram os produtores a abandonar o cultivo dessa hortaliça. Nesse contexto, a produção de alface na Califórnia experimentou uma queda de 20,59% na comparação do volume produzido em 2019 com o de 2023 (Gráfico 5.3). Os agricultores enfrentaram desafios significativos relacionados a doenças durante o desenvolvimento das folhas, um fenômeno que está diretamente ligado às mudanças climáticas.[2]

Manga peruana afetada por chuvas excessivas

O fenômeno El Niño no Peru trouxe consigo um excesso de precipitação, o que pode causar danos em várias fases do ciclo da cultura, especialmente durante a delicada etapa da floração. Ao avaliar a precipitação durante os meses correspondentes a essa fase fenológica em Piura, observou-se um aumento notável nos níveis de chuva. Em agosto e setembro de 2023, a precipitação média foi de mais de 0,031 polegadas, em forte contraste com o modesto registro de 0,003 polegadas nos anos anteriores. Esse aumento de 967% reflete-se de modo impactante no Gráfico 5.4.[3]

1 Agtools, 2024.

2 *Idem.*

3 *Idem.*

Gráfico 5.1 – Temporadas de produção e atraso na colheita de melão-cantalupo do Arizona em 2023.

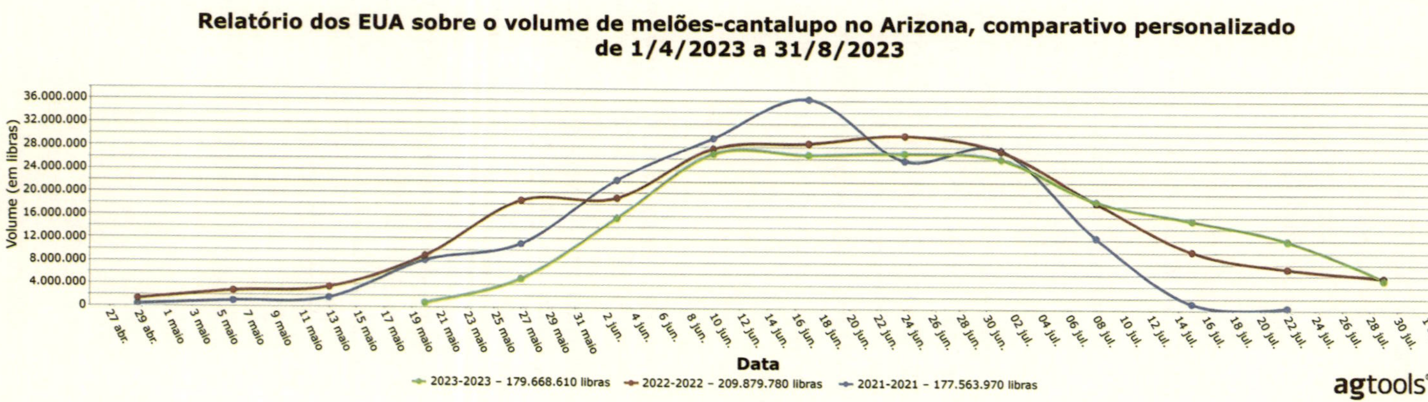

Fonte: Agtools, 2024.

Gráfico 5.2 – Temporadas de produção e atraso na vindima de 2023 no México.

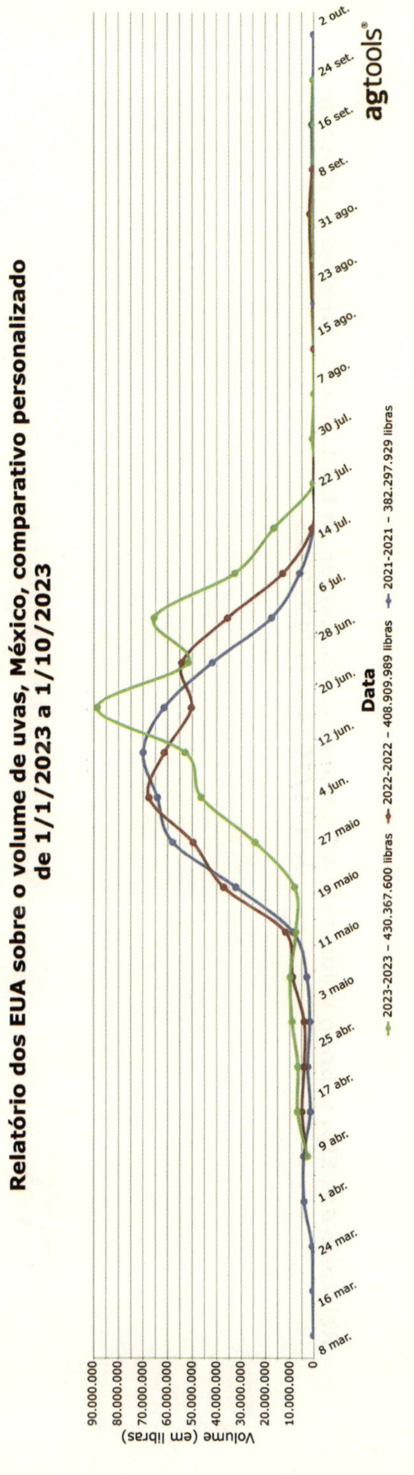

Fonte: Agtools, 2024.

Gráfico 5.3 – Temporadas de produção de alface-americana e diminuição contínua de libras.

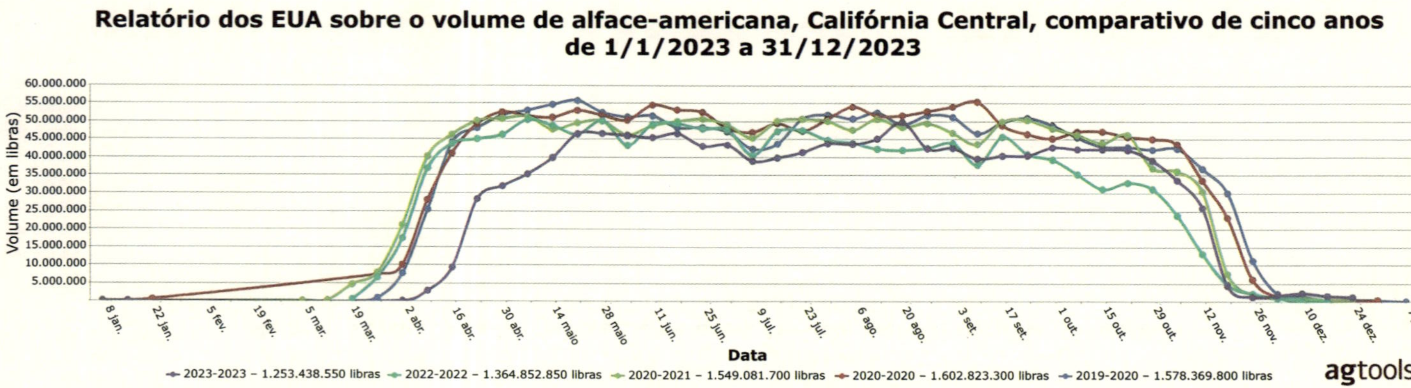

Fonte: Agtools, 2024.

Gráfico 5.4 – Precipitação média durante os meses de floração (agosto e setembro) dos anos indicados no cultivo de manga em Piura, Peru.

Fonte: Agtools, 2024.

Cultivo de morango em Zamora, Michoacán, México, ameaçado pela seca

Os meses de maio e junho são críticos em Zamora, Michoacán, México, devido à chegada e ao predomínio das precipitações, que são, porém, essenciais para as fases fenológicas iniciais da plantação de morango, como o desenvolvimento das folhas. O Gráfico 5.5 mostra a quantidade de chuva em polegadas durante esses meses. O ano de 2023 foi caracterizado por temperaturas mais altas e escassez de chuvas em comparação aos anos anteriores, o que preocupou os produtores da região, pela evidente estiagem, comprometendo a produção de morangos nessa área.[4]

[4] *Idem.*

Gráfico 5.5 – Precipitação média durante os meses iniciais da plantação (maio e junho) dos anos indicados no cultivo de morango de Zamora, México.

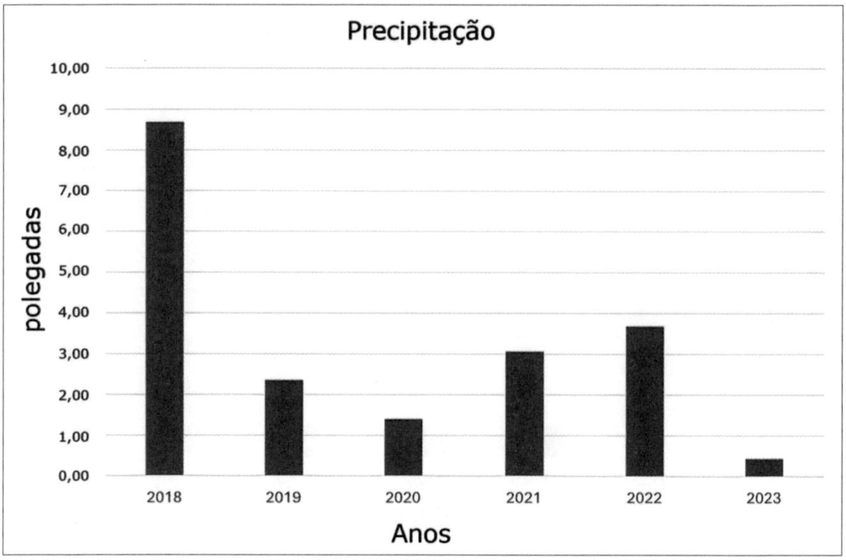

Fonte: Agtools, 2024.

A seca ameaça a produção de tomate no México

Em Culiacán, Sinaloa, a preocupação com a escassez de água na agricultura, especialmente na produção de tomate, levou à consideração de medidas para administrar os recursos hídricos de forma mais eficiente. Uma das propostas é a delimitação da área cultivada por produtor. No Gráfico 5.6, é possível observar uma notável diminuição na precipitação em Culiacán, Sinaloa; Guanaceví, Durango; e Badiraguato, Sinaloa – essas últimas sendo áreas de grande importância no sistema fluvial de Culiacán.[5]

5 *Idem.*

Gráfico 5.6 – Precipitação média durante os 12 meses do ano em cada região.

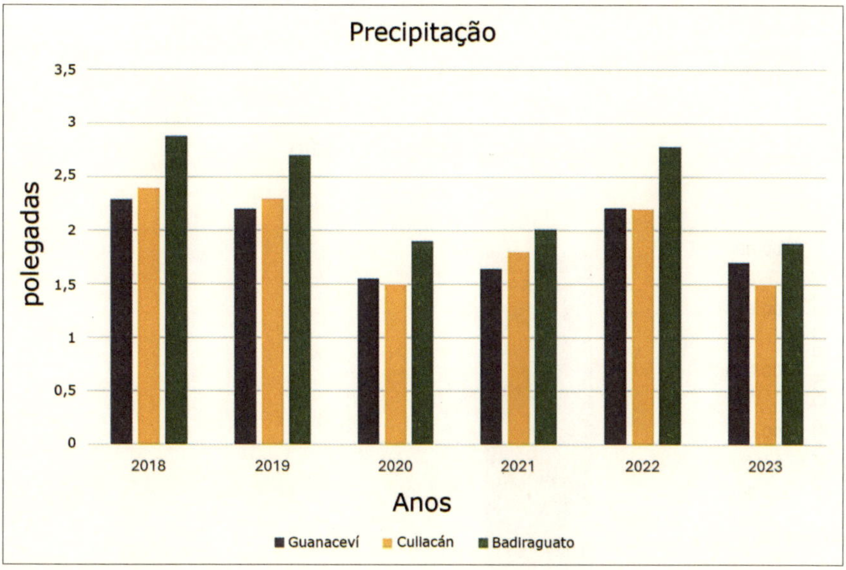

Fonte: Agtools, 2024.

Explorando áreas alternativas para cultivo

Existem diferenças notáveis entre Ica, no Peru, e Michigan em vários aspectos, como localização geográfica, recursos disponíveis, mão de obra, tecnologia empregada, rendimento da produção e variedades cultivadas. Ao comparar o consumo de água para irrigação da plantação de aspargos por temporada entre Ica e Shelby, em Michigan, o Gráfico 5.7 revela como a demanda hídrica é significativamente maior em Ica devido à sua condição desértica, que depende da irrigação artificial, mediante sistemas de canais e poços subterrâneos.[6]

Essa comparação é pertinente por entendermos que a busca por práticas agrícolas mais sustentáveis e a exploração de novas regiões para a produção de alimentos são uma realidade. O uso de dados para informar e entender bem as situações, analisar e aprimorar a tomada de decisões é a melhor maneira de começar a conscientizar sobre a realidade das mudanças climáticas e sobre a crescente demanda por alimentos. Existe uma estreita relação entre mudanças climáticas, fenologia e disponibilidade de alimentos, o que reforça a importância

6 *Idem.*

de abordar esses aspectos de forma integrada e cuidadosa no planejamento agrícola e alimentar.

Gráfico 5.7 – Consumo médio de galões de água para irrigação da plantação de aspargos por temporada.

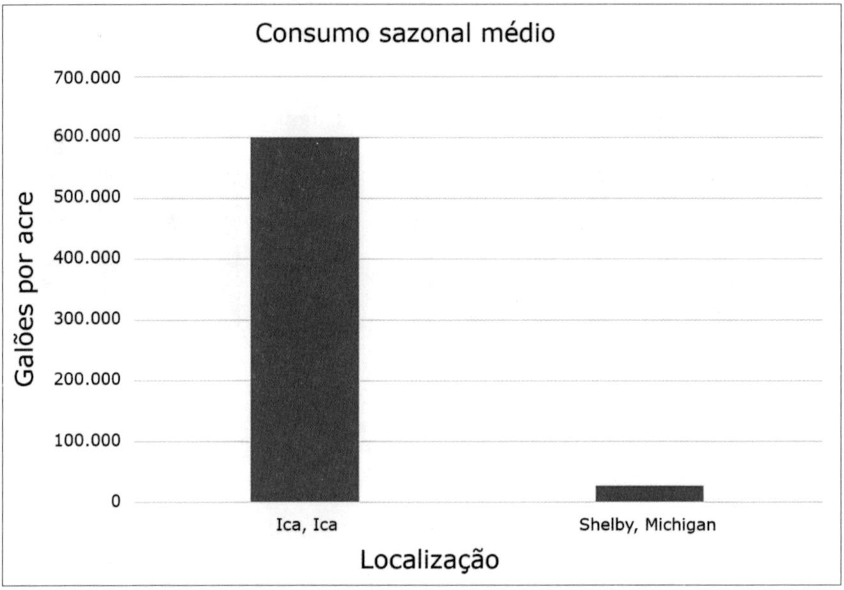

Fonte: Agtools, 2024.

Satisfação do mercado e dados para alimentar o mundo

É crucial desenvolver uma estrutura de gestão que integre as mudanças climáticas, a gestão da água e um conhecimento detalhado das fases de crescimento das culturas, a fim de promover economias globais alinhadas com objetivos sociais e industriais. Isso inclui atender às demandas do mercado e cumprir contratos que envolvem volumes variados. Os produtores buscam melhorar seus lucros por meio de ações no campo, o que exige adaptar o uso de dados para a tomada de decisões e a adoção de estratégias mais efetivas.

Para compreender as forças globais na produção de alimentos, é importante usar dados para prever colheitas e a disponibilidade, reduzindo o desperdício. Isso implica entender os custos ambientais associados ao desperdício, como o consumo de recursos e as emissões de CO_2, bem como o impacto dos resíduos plásticos. É essencial que vários atores promovam o conhecimento e o uso de dados para abordar de forma abrangente os processos alimentares, a fim de tomar decisões informadas. A digitalização desempenha um papel crucial nesse processo, pois permite que os processos sejam ajustados para alcançar os melhores resultados.

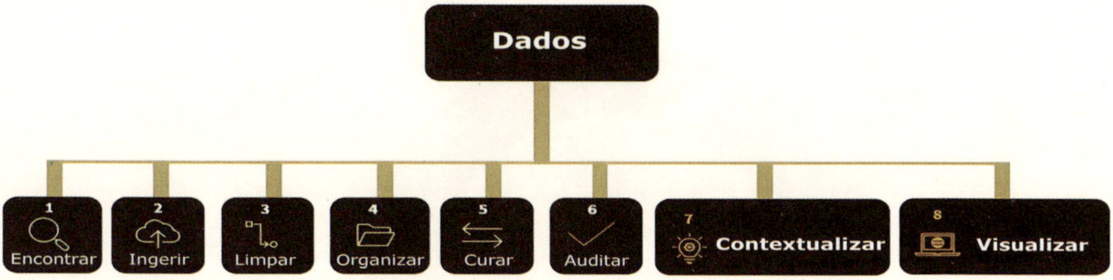

Figura 5.6 – Processo para visualização de dados.
Fonte: Agtools, 2024.

Os dados ajudam a responder perguntas e a antecipar eventos climáticos que afetam a disponibilidade e a qualidade dos produtos no mercado. Esses dados também revelam possíveis problemas na cadeia de suprimentos e seu impacto econômico. A análise de grandes volumes de dados permite que as empresas operem de forma mais eficiente e proativa, abordando áreas problemáticas antes que elas afetem seus lucros. Analisemos a colheita da uva em Sonora, México, para corroborar o que acabamos de mencionar.

Análise da situação da colheita da uva em Sonora, México

Havia um prognóstico de que a safra de 2023 seria recorde em volume, com base na análise climática e fenológica. E quais foram os prognósticos para 2024, considerando um clima tão instável?

Em 2023, esperava-se que a temporada de uvas em Sonora fosse semelhante à de 2019, pois as baixas temperaturas atrasaram a colheita. Apesar disso, a qualidade foi excepcional, e seu volume, recorde. Assim, a situação foi avaliada para antecipar a safra de 2024, considerando as implicações de menos horas de frio no desenvolvimento das uvas. Sonora é a principal produtora de uvas de mesa no México, além de exportar para vários países, como Estados Unidos e Canadá, e alguns da Europa, da América do Sul e da Ásia. É essencial adaptar-se às mudanças climáticas e antecipar-se aos desafios para manter a competitividade e a qualidade do setor. Medidas inovadoras e tecnologias podem ser fundamentais para mitigar eventuais impactos negativos na produção.

Gráfico 5.8 – Produção de uvas em 2023 no México.

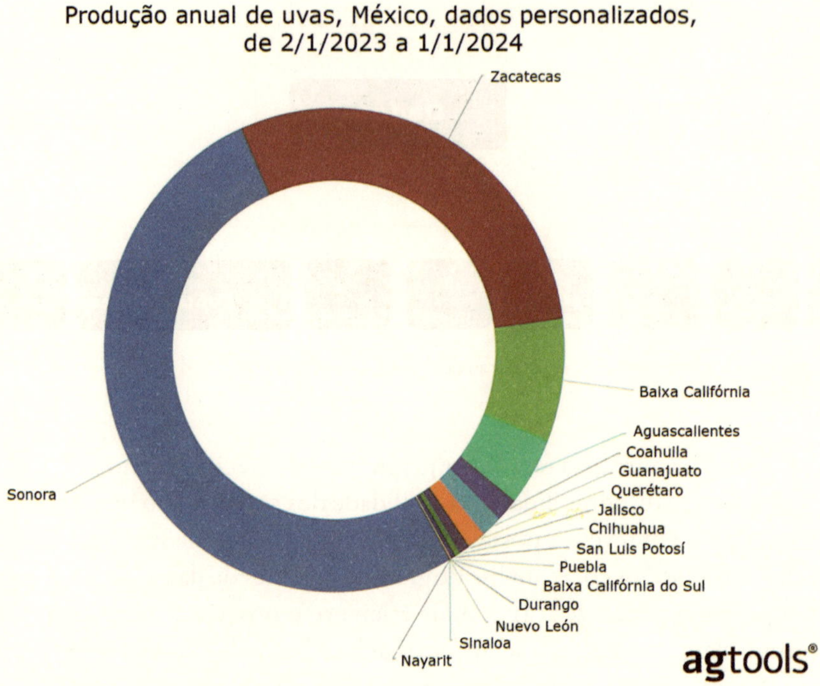

Fonte: Agtools, 2024.

O México é considerado privilegiado porque seu pico de produção não coincide com o de nenhum outro país líder no mercado e tem a vantagem competitiva de uma safra anterior à da Califórnia, nos Estados Unidos (Gráfico 5.9).

Desabastecimento de uvas nos Estados Unidos durante a primavera de 2023

A América do Norte experimentou escassez de uvas durante os meses de abril e maio, pois a safra do Chile, do Peru e da África do Sul terminou prematuramente nesse ano (Gráfico 5.10).

A Califórnia Central e o sul da Califórnia, além de um início tardio da temporada, também tiveram condições climáticas mais frias em comparação com o normal (Gráficos 5.11 e 5.12).

Gráfico 5.9 – Temporadas de exportação dos principais países produtores para os Estados Unidos em 2022.

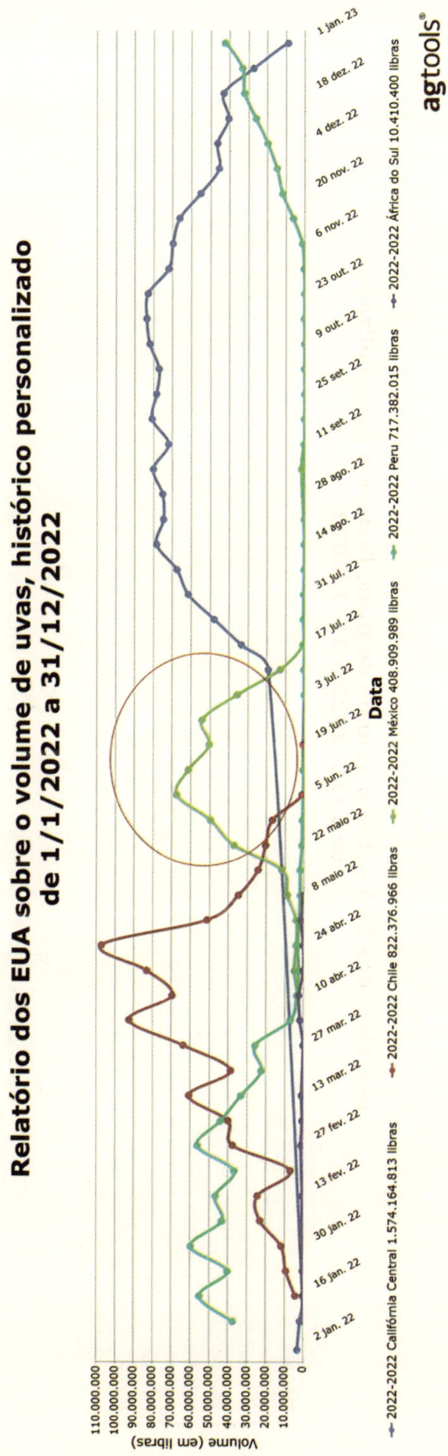

Fonte: Agtools, 2024.

Gráfico 5.10 – Temporada de exportação 2022-2023 de uvas do Chile, do Peru e da África do Sul para os Estados Unidos.

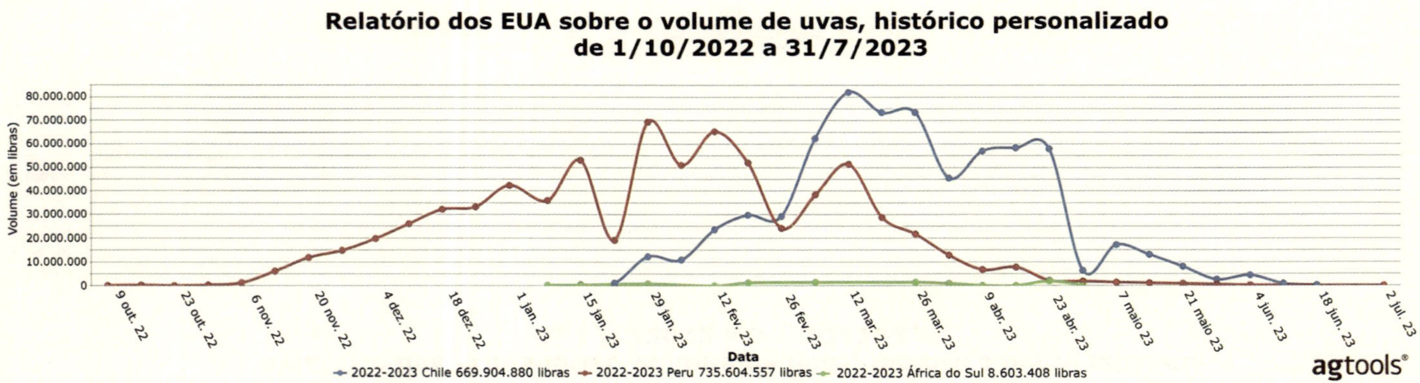

Fonte: Agtools, 2024.

Gráfico 5.11 – Temporadas de uva do sul da Califórnia, Estados Unidos.

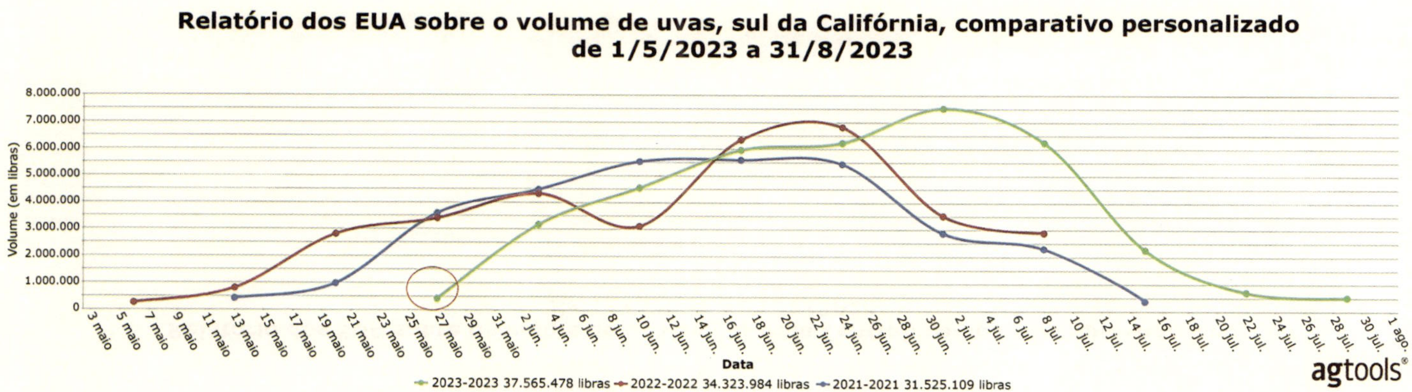

Fonte: Agtools, 2024.

Gráfico 5.12 – Temporadas de uva da Califórnia Central, Estados Unidos.

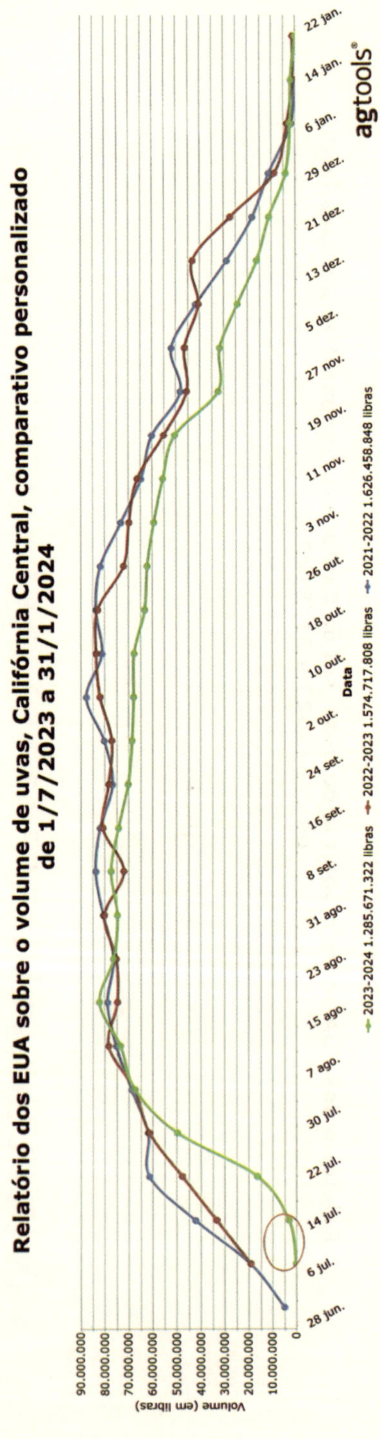

Fonte: Agtools, 2024.

Horas frias e vindima

Devido às baixas temperaturas durante a dormência da safra no período 2022-2023, a colheita em Sonora começou mais tarde do que em outras temporadas. Apesar disso, esperava-se uma boa qualidade das uvas, pois o frio costuma aumentar seu tamanho. No entanto, esse atraso contribuiu para uma escassez de uvas nos Estados Unidos em abril e maio. Na temporada 2018-2019, foram registradas mais de 200 horas de frio, resultando em uma produção excepcional. Em contraste, as horas frias no período 2022-2023 atrasaram o início da temporada; no entanto, 2023 atingiu um recorde de produção semelhante ao de 2019 (Gráfico 5.13).

O acúmulo de horas de frio é essencial para que as uvas aproveitem suas reservas e atinjam seu potencial máximo em quantidade e qualidade. Esse processo começa durante a dormência da cultura, quando as plantas precisam de um certo número de horas de frio para sair dessa fase e começar a desenvolver os botões florais.

Ao longo da temporada 2022-2023, foi registrada uma quantidade de horas de frio, durante a dormência da safra, semelhante à observada na safra 2018-2019. Isso sugere condições favoráveis para o bom desenvolvimento da uva. Porém, no período 2023-2024, observou-se uma diminuição significativa dessas horas devido às temperaturas mais quentes na região de Sonora, semelhante ao que foi experimentado na temporada 2021-2022. Essas temperaturas, as mais altas dos últimos anos, podem ter um impacto negativo no cultivo da uva, afetando a qualidade e o rendimento da colheita. Essa mudança nas condições climáticas corrobora a importância de monitorar de perto o desenvolvimento das culturas e de adaptar as estratégias de manejo, conforme seja necessário, para mitigar possíveis impactos adversos (Gráfico 5.14).

Gráfico 5.13 – Temporadas de exportação de uvas mexicanas para os Estados Unidos.

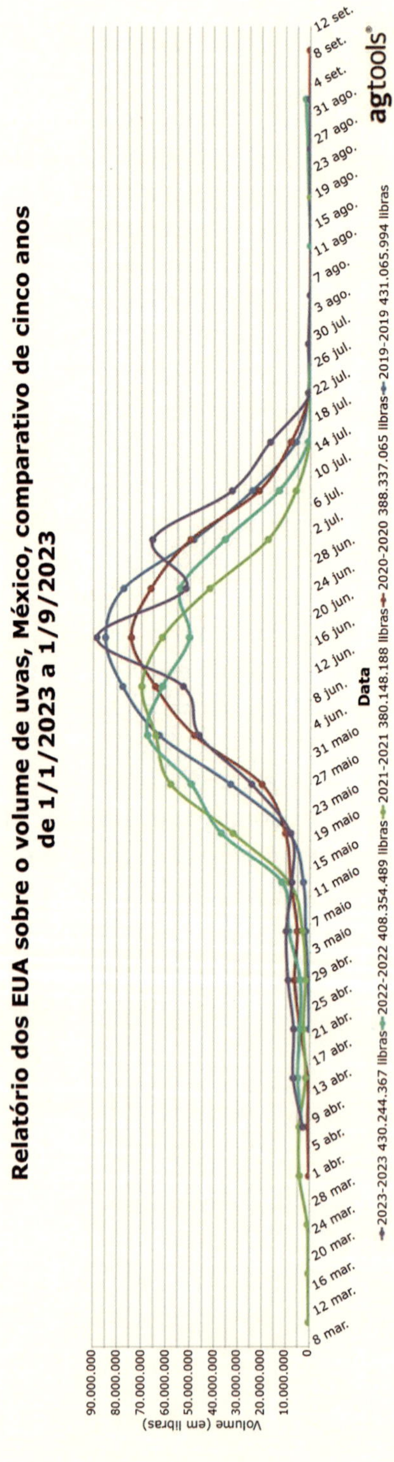

Fonte: Agtools, 2024.

Gráfico 5.14 – Horas de frio acumuladas durante os meses de dormência da safra de uva em diferentes épocas de produção em Sonora de 2018 a 2024.

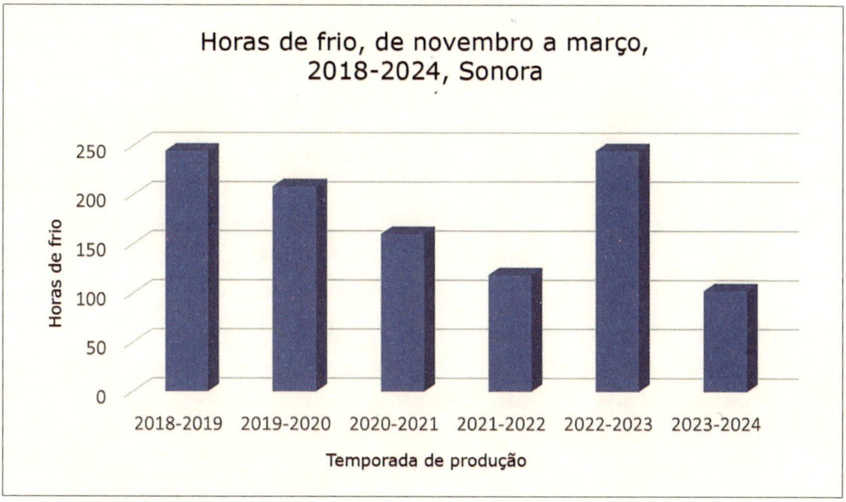

Fonte: Agtools, 2024.

Seca e escassez de frio na temporada de 2024

A escassez de horas frias durante a dormência das uvas pode acarretar sérias dificuldades, incluindo a diminuição da qualidade da cultura. Ainda sobre esse fenômeno, ele implica a necessidade de certas plantas, como as videiras, passarem por um período de baixas temperaturas durante a fase de repouso no inverno, a fim de ativar processos fisiológicos essenciais. Sem horas frias suficientes, a videira pode ter dificuldade para sair adequadamente da dormência, o que pode afetar negativamente a brotação e o posterior desenvolvimento.

A esse desafio, soma-se o grave problema da seca na região. A preocupação com a seca está aumentando no México, e Sonora não escapa dessa realidade, pois a seca pode ter consequências devastadoras para o cultivo da uva.

A videira é uma planta que requer quantidades significativas de água para um crescimento saudável e para a produção de uvas de qualidade. A escassez de água durante o período de crescimento pode provocar estresse hídrico nas plantas, com a redução da produção e da qualidade da uva, além do maior risco de doenças e pragas.

Ao analisar a quantidade de chuvas acumuladas nos últimos anos nessa região durante a estação chuvosa (de maio a novembro), quando as uvas estão se desenvolvendo, observa-se uma diminuição acentuada da precipitação. Essa redução na quantidade de chuvas pode agravar ainda mais a situação de seca, exacerbando os desafios enfrentados pelos viticultores em Sonora.

Em resumo, a combinação da escassez de horas de frio durante a dormência com o problema da seca na região de Sonora representa um grande desafio para a produção de uvas. Para enfrentar essas adversidades de forma efetiva, é crucial implementar práticas de gestão da água e estratégias de cultivo adaptadas às condições locais, assim como explorar opções de variedades de uvas mais resistentes à falta de horas de frio e ao estresse hídrico. Além disso, é importante continuar monitorando e estudando os padrões climáticos e seus efeitos no cultivo da uva, a fim de desenvolver estratégias de adaptação mais robustas no futuro (Gráfico 5.15).

GRÁFICO 5.15 – PRECIPITAÇÃO MÉDIA EM SONORA DE 2018 A 2023.

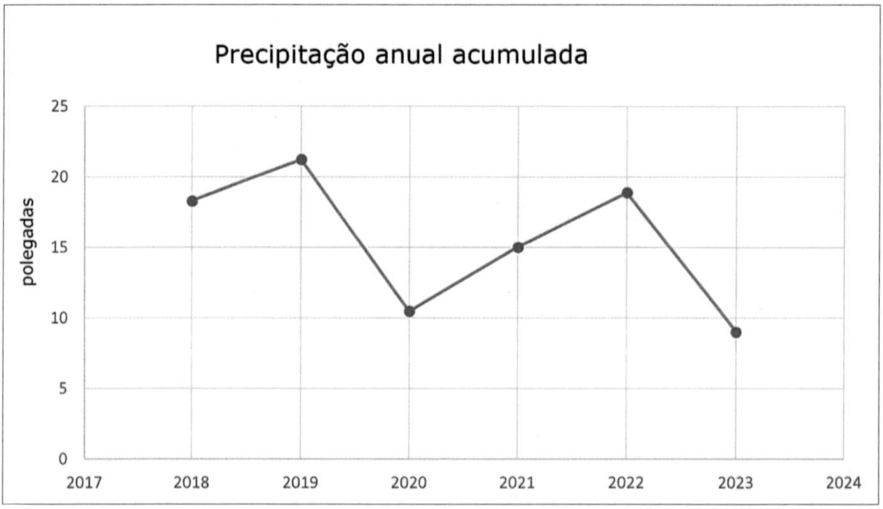

Fonte: Agtools, 2024.

A associação de seca com escassez de horas de frio representa um desafio significativo para a colheita da uva em Sonora em 2024. Espera-se uma diminuição no volume de produção em razão dessas condições climáticas adversas, o que poderia até antecipar a colheita. Isso levanta preocupações sobre o possível impacto negativo na qualidade do produto. Vale destacar que, no período em que este capítulo foi escrito, algumas regiões fora de

Sonora já haviam iniciado sua colheita, indicando maior pressão sobre a indústria vitivinícola local.

Em 2023, o atraso na vindima elevou o preço no início da safra em comparação aos anos anteriores, o que deve ter se traduzido em um melhor retorno para o campo. Como a temporada foi mais longa do que o habitual, houve vendas residuais no final e, embora o preço então fosse menor do que o praticado no ano anterior, o volume pode ter melhorado o preço médio da temporada (Gráfico 5.16).

Sem dúvida, as mudanças climáticas estão tendo um impacto significativo em várias culturas, especialmente naquelas que dependem do acúmulo de horas frias. Nos últimos anos, o aquecimento global e os invernos mais curtos, com temperaturas mais amenas, dificultaram que culturas como a videira atingissem as horas frias necessárias para seu bom desenvolvimento. Essa falta de uniformidade na saída da dormência e a fenologia irregular afetam a qualidade e comprometem o volume de uvas produzidas, tanto no México quanto na Califórnia, durante a temporada de 2024. É evidente que o clima adverso está desafiando a viabilidade dessas importantes regiões produtoras, sublinhando a urgência em enfrentar esses desafios climáticos com medidas adequadas e sustentáveis. Mudanças nas temporadas de produção podem significar o desabastecimento do produto no mercado em algum momento do ano ou abrir caminho para que outras regiões aproveitem esse tipo de oportunidade para conquistar mercado.

***

Por fim, precisamos entender o que está acontecendo e não ficar alheios ao contexto, ser sensíveis à relação entre a sociedade e a natureza e conhecer o impacto de nossa atuação ao longo dos anos. Com nosso modelo antropocêntrico, as mudanças climáticas estão se tornando cada vez mais evidentes, refletindo também nas formas e nos meios de produção. A combinação de dados científicos, fenologia e compreensão das economias mundiais e suas variáveis é crucial para a sustentabilidade dos cultivos e das comunidades mundiais.

Gráfico 5.16 – Preço comparativo do envio de uvas convencionais durante três anos, do México, cruzando por Nogales, até o Arizona.

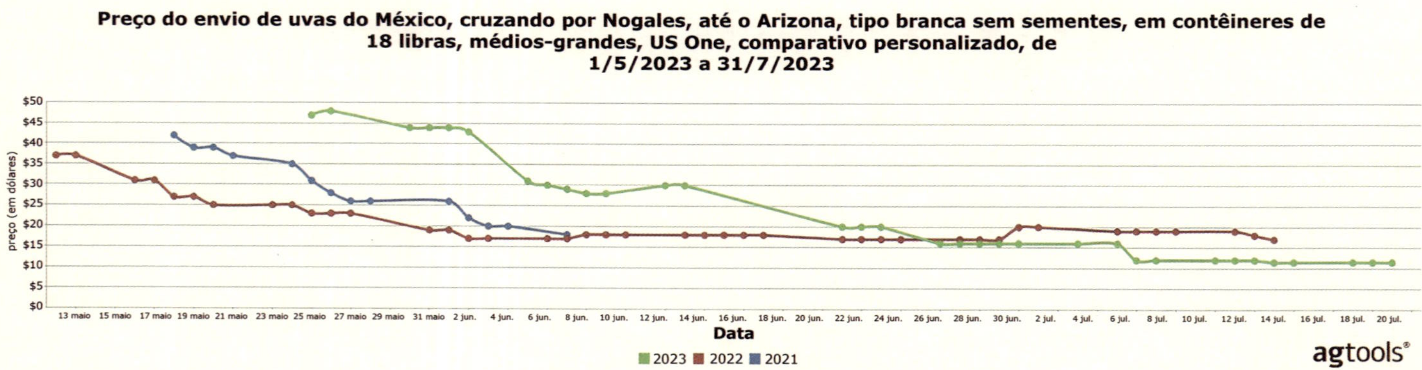

Fonte: Agtools, 2024.

Referências bibliográficas

AGTOOLS. 2024. Disponível em <https://www.agtechtools.com/>. Acesso em 27/3/2025.

ÁLVAREZ AROS, E. L. *La innovación sistemática Triz en Delphi*. Ciudad Victoria, Facultad de Comercio y Administración Victoria, Universidad Autónoma de Tamaulipas, 2011 (Dissertação de mestrado). Disponível em <https://riuat.uat.edu.mx/handle/123456789/2043>. Acesso em 27/3/2025.

FAO. "Documento de referencia". 2009. Disponível em <https://www.fao.org/fileadmin/templates/tci/pdf/backgroundnotes/webposting_SP.pdf>. Acesso em 27/3/2025.

OMS. "Inocuidad de los alimentos". 4/10/2024. Disponível em <https://www.who.int/es/news-room/fact-sheets/detail/food-safety>. Acesso em 27/3/2025.

TÉLLEZ, G. F.; GONZÁLEZ, J. G. & RIVERA, E. A. M. "Triz como elemento de integración de planes de negocios, en la creación de nuevos productos y servicios. Caso: Productores de la Sierra Norte del estado de Puebla". *Actas* del IX Congreso Iberoamericano de Innovación Tecnológica y Desarrollo de Productos, 2014.

6

Estratégias sociais para a sustentabilidade e a segurança alimentar

Francine Brossard Leiva

Estratégia Nacional de Soberania para a Segurança Alimentar do governo do Chile

A Estratégia Nacional de Soberania para a Segurança Alimentar visa fortalecer a segurança alimentar presente e futura. A soberania alimentar valoriza as pessoas que produzem alimentos e promove a sustentabilidade dos sistemas alimentares. Desenvolvida pelo Ministério da Agricultura do Chile, essa estratégia propõe um enfoque abrangente e foi construída de forma participativa entre os setores público e privado, como parte do compromisso do Estado de salvaguardar o direito à alimentação. Com base no documento "A Estratégia Nacional de Soberania para a Segurança Alimentar", de 2023, destacam-se os seguintes aspectos:

- A Estratégia Nacional de Soberania para a Segurança Alimentar busca fortalecer a segurança alimentar, articulando e orientando as ações do Estado para a construção de um sistema alimentar nacional mais resiliente, inclusivo e estável.
- Busca também favorecer o acesso a recursos produtivos, promover práticas de produção sustentáveis, o respeito por aqueles que produzem alimentos e sua valorização, os circuitos curtos de comercialização e a descentralização, com o intuito de proteger os recursos naturais e a

biodiversidade, a saúde das pessoas e as possibilidades de desenvolvimento das gerações presentes e futuras.

- Com essa estratégia, é dado um primeiro passo em direção a um sistema alimentar mais justo, sustentável e resiliente, no qual todas as pessoas que o compõem são membros relevantes de uma rede que permite prover alimentos para o Chile.
- Entre as dez ações propostas na estratégia, pelo menos quatro são de natureza social:
  - (n. 3) Valorizar o componente humano e sociocultural, entendido como o conjunto de conhecimentos e práticas coletivas ligados principalmente à produção, à comercialização e ao consumo de alimentos.
  - (n. 7) Favorecer a mudança geracional, por meio de políticas e marcos regulatórios que promovam a vinculação e a participação contínua das e dos jovens nos territórios rurais e costeiros vinculados aos sistemas alimentares.
  - (n. 8) Reduzir as lacunas no acesso aos recursos naturais e produtivos por parte da Agricultura Familiar Camponesa (AFC), da agricultura de pequena escala, da pesca artesanal e da aquicultura, facilitando sua integração nos canais de comercialização.
  - (n. 10) Fortalecer a qualificação, a educação e a transferência de tecnologia para aqueles que produzem alimentos.
- Como são abordados os aspectos transversais, entre outros:
  - *Enfoque de gênero*: Reconhece as diferenças e desigualdades existentes entre os gêneros, permitindo visualizar como elas podem afetar o acesso a recursos e oportunidades. Ao identificar as lacunas existentes entre mulheres e homens que compõem uma comunidade, é possível compreender as relações de gênero com maior profundidade e desenhar estratégias para reduzir as desigualdades nos diferentes âmbitos, com o objetivo de promover a igualdade de oportunidades e direitos entre homens e mulheres, prevenindo e enfrentando a discriminação e a violência de gênero. Por fim, o enfoque de gênero contribui para a construção de uma sociedade mais justa, equitativa e sustentável para todas as pessoas.
  - *Associatividade*: Mecanismo de cooperação que contribui para o fortalecimento das capacidades de pessoas e comunidades para melhorar

suas condições de vida. Isso impacta nos territórios e permite uma atividade produtiva mais sustentável, por meio de um esforço comum e objetivos compartilhados. O cooperativismo destaca-se entre as formas de associação, por ser um modelo que permite incluir pequenos(as) produtores(as), pescadores(as) e consumidores(as) nas cadeias de valor, o que resulta em melhores condições de acesso a financiamentos, mercados, serviços, bens e insumos; permite ainda aumentar o capital social, reduzir assimetrias de poder e propiciar o trabalho decente.[1]

- *Educação, qualificação e transferência de tecnologia*: No âmbito dessa estratégia, elas são entendidas como partes do processo de aprendizagem permanente, que abrange diferentes fases da vida das pessoas e que visa alcançar um desenvolvimento abrangente e amplo, incorporando aspectos individuais e sociais. As linhas de trabalho incluem: estimular programas e iniciativas que promovam a troca de experiências e conhecimentos com países de interesse em diferentes áreas produtivas; e oferecer uma qualificação adequada às necessidades e circunstâncias específicas da AFC, da agricultura familiar.
- *Transição socioecológica justa*: Processo no qual, por meio do diálogo social e do empoderamento coletivo, busca-se a transformação da sociedade a fim de torná-la mais resiliente e equitativa, sendo capaz, assim, de enfrentar a crise social, ecológica e climática. A transição requer que os setores produtivos sejam inovadores e sustentáveis nos territórios.
- *Jovens*: A juventude tornou-se um tema de interesse internacional nas discussões sobre os sistemas alimentares, sobretudo por causa do envelhecimento das pessoas que produzem alimentos. Assegurar a renovação geracional nos setores silvoagropecuário e pesqueiro é fundamental para enfrentar os desafios atuais e futuros relacionados com a segurança alimentar. Para fomentar a renovação geracional, é indispensável avançar por meio de políticas e marcos regulatórios que envolvam os jovens, criando oportunidades e condições que lhes permitam contribuir e prosperar na garantia do direito à alimentação para toda a população nacional.

1 FAO, 2022.

- *Trabalho decente*: Essa estratégia busca favorecer o acesso a empregos produtivos e adequadamente remunerados com a devida proteção dos direitos fundamentais no trabalho, sem discriminação, em condições de liberdade, equidade e segurança.

• Na estratégia, um dos cinco patrimônios – termo relacionado aos elementos considerados essenciais para avançar em direção à constituição de sistemas alimentares sustentáveis – corresponde ao patrimônio humano e sociocultural do sistema alimentar, abordando, entre outros temas:

- *Promoção, proteção e conservação/salvaguarda da cultura ancestral*: Um âmbito fundamental para avançar na soberania alimentar de um país é a salvaguarda de conhecimentos, saberes e práticas, tanto tradicionais quanto ancestrais, que estão ligados à produção de alimentos. Esses elementos buscam estar em harmonia e equilíbrio com seu ambiente natural, de modo que as paisagens produtivas fazem parte da identidade cultural nos territórios rurais. Para avançar nesse âmbito, é necessário estimular ações de reconhecimento, valorização e institucionalização com foco na promoção e na conservação de tais elementos, para que possam continuar sendo usados ao longo do tempo, pelas gerações presentes e futuras.
- *Resgate, valorização e divulgação do patrimônio humano e sociocultural*: O patrimônio humano e sociocultural é composto de práticas e saberes que são transmitidos de geração em geração através da tradição oral e prática, os quais foram acumulados pelas comunidades e culturas ao longo do tempo e são considerados valiosos por sua relevância e sua utilidade para a vida cotidiana e a sobrevivência. As práticas e os saberes ancestrais representam uma riqueza cultural inestimável que deve ser resgatada, valorizada e disseminada.
- *Bem-viver rural*: Em consonância com o desafio de reduzir as lacunas sociais, ambientais e econômicas identificadas na Política Nacional de Desenvolvimento Rural, esse âmbito busca distinguir iniciativas voltadas para a melhoria das condições dos assentamentos rurais, com o objetivo de que as comunidades camponesas e pesqueiras alcancem o bem-estar social e um nível adequado de qualidade de vida, estimulando sua permanência em seus territórios.

Aspectos sociais nas diretrizes e prioridades da FIA

A Fundação para a Inovação Agrária (FIA) é a agência de inovação do Ministério da Agricultura do Chile que busca promover processos de inovação, por meio das diretrizes estratégicas para o setor silvoagropecuário e/ou a cadeia agroalimentar nacional, através do fomento, da articulação, da capacitação e da difusão tecnológica de iniciativas que contribuam para o desenvolvimento sustentável e a competitividade do Chile e de suas regiões. Trabalho que se realiza graças ao acompanhamento de técnicos e profissionais. A FIA, com essas diretrizes e prioridades emanadas do Ministério da Agricultura, desenvolveu e implementou quatro programas estratégicos de 2022 até o momento, como veremos a seguir.

Os programas estratégicos da FIA

Em março de 2022 foram lançados quatro programas estratégicos de inovação a fim de contribuir no fomento da inovação para pequenos e médios agricultores, tornando-os, assim, atores sociais relevantes tanto no desenvolvimento de seu território quanto no ecossistema local. São eles:

- Programa de Desenvolvimento e Inovação para Cooperativas Agroalimentares Sustentáveis (AgroCoopInnova);
- Programa Juventude Rural Inovadora;
- Programa de Adoção de Inovações;
- Programa Mulher Agroinovadora.

Programa de Desenvolvimento e Inovação para Cooperativas Agroalimentares Sustentáveis

A FIA, fruto de uma vasta experiência acumulada no trabalho com cooperativas, reconhece as dificuldades que elas apresentam em responder por si mesmas aos desafios da sua atividade e está ciente da escassa colaboração entre as cooperativas e os diferentes atores do ecossistema de inovação, o que dificulta incrementar a criação de novos e/ou melhorados produtos e/ou processos que as ajudem a se posicionar competitivamente. Logo, é necessário conectar as dificuldades e os desafios das cooperativas do setor com os diversos atores do ecossistema que oferecem soluções baseadas em pesquisa, desenvolvimento e inovação (PD&I).

Nesse contexto, e no âmbito da Política Rural preconizada pelo Ministério da Agricultura, a FIA executa, em coordenação e articulação com atores públicos e privados, o Programa de Desenvolvimento e Inovação para Cooperativas Agroalimentares Sustentáveis (AgroCoopInnova). Esse programa caracteriza-se por ser um modelo inovador de apoio integral à gestão de cooperativas camponesas e agrícolas, uma vez que:

- foi elaborado em conjunto com a Confederação Nacional de Federações de Cooperativas e Associações Silvoagropecuárias do Chile (CampoCoop) e a União Nacional de Agricultura Familiar Cooperativa (Unaf Coop);
- articula-se com três ministérios: o Ministério da Ciência, Tecnologia, Conhecimento e Inovação, o Ministério da Economia e o Ministério da Agricultura;
- foram considerados como elementos fundamentais: a formação de uma ou mais comunidades virtuais de gestão do conhecimento, a incorporação do uso das TICs e a entrega do selo de acreditação.

Linhas de ação: (a) desenvolvimento de capacidades associadas ao fortalecimento do negócio das cooperativas agroalimentares; (b) desenvolvimento e implementação de iniciativas para agregar valor e inovação em produtos/processos em cooperativas agroalimentares; (c) articulação e ação afirmativa das cooperativas agroalimentares do programa com outros programas públicos e/ou privados (selo de acreditação).

Cooperativas beneficiárias: Cooperativas camponesas ou agrícolas do setor agroalimentar que operam seus negócios (com faturamento), e que estão em atividade e com um patrimônio igual ou menor a 500 milhões de dólares.

Programa Juventude Rural Inovadora

Esse programa da FIA tem como base a experiência acumulada nas mais de 12 convocatórias de projetos de empreendedorismo inovador destinadas aos jovens e os mais de dez anos de atuação com escolas técnicas do país. O programa tem linhas de ação voltadas para os estudantes, por meio de um trabalho coordenado com as comunidades escolares, e outras voltadas para jovens empreendedores rurais na agricultura. O objetivo é estimular a inovação entre jovens do meio rural de 15 a 35 anos de idade, com foco na agregação de valor no setor silvoagropecuário e/ou na cadeia agroalimentar nacional.

Linhas de ação: (a) descobrir e experimentar a inovação precocemente mediante o desenvolvimento de projetos usando a metodologia Savialab, que incentiva o trabalho colaborativo na detecção de oportunidades de inovação, as quais serão transformadas em soluções pertinentes e relevantes para os territórios; (b) promover o desenvolvimento de capacidades, inovações e vínculos com o ecossistema local para contribuir com a agregação de valor em empreendimentos do setor silvoagropecuário e/ou na cadeia agroalimentar nacional liderada por jovens do meio rural.

Jovens beneficiários: Jovens rurais entre 15 e 18 anos e jovens empreendedores rurais entre 18 e 35 anos.

Programa de Adoção de Inovações

A transferência faz parte do processo de inovação, e, consequentemente, a realização de uma transferência efetiva das inovações que são desenvolvidas e validadas no âmbito dos projetos apoiados pela FIA contribuirá diretamente para a resolução de problemas que afetam os produtores e empresas do setor silvoagropecuário e da cadeia agroalimentar associada.

Em sua esfera de atuação, a FIA dispõe de um cabedal de informações e resultados de inovações técnica e economicamente validadas, destacando-se a Série Experiências de Inovação, proveniente do processo de valorização dos resultados de projetos de inovação finalizados. Contudo, transferir uma inovação não é uma tarefa fácil, requer a realização de várias ações para garantir que o setor produtivo incorpore processos de inovação em suas práticas e técnicas de produção, incluindo a identificação de lacunas tecnológicas, a busca de soluções inovadoras que as eliminem, sua adaptação e posterior adoção e implementação. Isso é notavelmente evidente na agricultura de pequena escala, pois um dos fatores pelos quais os produtores não inovam é a dificuldade em avaliar, adaptar e/ou usar o conhecimento transferido. Nesse contexto, em 2022 nasceu o Programa de Adoção de Inovações da FIA, voltado para grupos de pequenos produtores com interesses em comum, que compartilham o mesmo território e segmento, e com problemas semelhantes que afetam sua competitividade.

O programa tem como objetivo promover a adaptação, a utilização e/ou a implementação do conhecimento e da experiência gerados em projetos de inovação agrária apoiados pela FIA, contribuindo para a concretização de processos de inovação por parte do setor produtivo em diferentes localidades e territórios do país.

Linhas de ação: (a) identificação de lacunas tecnológicas e demandas de soluções inovadoras por parte do setor produtivo em diferentes segmentos e territórios do país; (b) determinação da oferta tecnológica e dos resultados disponíveis no âmbito dos projetos de inovação apoiados pela FIA, e sua conexão com a demanda identificada; (c) apoio a iniciativas que contribuam para a adaptação e a adoção de soluções inovadoras por parte dos pequenos agricultores do setor silvoagropecuário do Chile; (d) articulação de ações com atores locais e regionais, tanto públicos quanto privados, para criar sinergias que contribuam para uma adoção efetiva das inovações transferidas.

Beneficiários: Grupos de pequenos produtores com interesses em comum, que compartilham o mesmo território e segmento, e com problemas semelhantes que afetam sua competitividade.

Programa Mulher Agroinovadora

As mulheres participam ativamente no desenvolvimento da atividade silvoagropecuária, colaborando de forma significativa na produção e no processamento de alimentos, assim como na economia local, inovando constantemente para amplificar o valor agregado do seu trabalho. No entanto, sua contribuição para a inovação na agricultura chilena é muitas vezes invisibilizada, persistindo ainda lacunas importantes a serem ultrapassadas para que as inovações sejam cada vez mais lideradas por mulheres.

A FIA tem um histórico de liderança na promoção da presença feminina no setor, com a criação da Comissão de Igualdade de Oportunidades e, depois, com o desenvolvimento das Comissões Regionais de Igualdade de Oportunidades, sob os auspícios do Ministério da Agricultura. Considerando a necessidade de destacar o papel das mulheres e de suas capacidades traduzidas em inovação e empreendedorismo no setor silvoagropecuário, a FIA criou em 2006 o Prêmio Mulher Agroinovadora na Agricultura, com o objetivo de enfatizar a contribuição feminina no desenvolvimento e no fortalecimento de uma cultura de inovação na atividade agrária chilena. Em seguida, em 2020 foi realizado o primeiro encontro do Conecta Mulher – instância que promove a vinculação e o trabalho em rede em nível territorial. E em 2022 nasceu o Programa Mulher Agroinovadora, com a finalidade de reunir diversas iniciativas em um único programa e desenhar novos instrumentos e ações que contribuam para reduzir as lacunas existentes para a participação das mulheres na inovação silvoagropecuária e na cadeia agroalimentar associada.

O programa visa então promover uma maior presença e participação das mulheres no ecossistema de inovação do setor silvoagropecuário e da cadeia agroalimentar, incentivando mais mulheres a inovar, com o desenvolvimento e o reconhecimento de seu talento, estimulando e visibilizando suas iniciativas e proporcionando um espaço para que se conectem. Busca, assim, abrir novas oportunidades em prol de maior equidade de gênero no setor.

Linhas de ação: (a) promoção do vínculo entre mulheres que inovam e articulação entre as oportunidades existentes no ecossistema de inovação associadas às mulheres; (b) reconhecimento das mulheres que lideram iniciativas de inovação no setor, atribuindo-lhes o papel de embaixadoras para dinamizar as diferentes iniciativas de inovação no Chile, com maior visibilidade para seus projetos; (c) capacitação para favorecer o talento feminino associado à inovação silvoagropecuária; (d) incentivo às iniciativas lideradas por mulheres, por meio de instrumentos financeiros, pequenas viagens para conhecer experiências diferentes ou outros meios que permitam avançar em suas inovações ou seus empreendimentos.

Beneficiários: Mulheres relacionadas com o ecossistema de inovação do setor silvoagropecuário e da cadeia agroalimentar nacional.

Referências bibliográficas

FAO. "Las cooperativas en América Latina y el Caribe: motor para la transformación de los sistemas agroalimentarios". FAO, 2022. Disponível em <https://www.fao.org/3/cc0934es/cc0934es.pdf>. Acesso em 25/4/2025.

FIA. "Programas estratégicos". Documentos internos. 2023.

MINISTERIO DE AGRICULTURA/GOBIERNO DE CHILE. "Acta de Comisión de Seguridad y Soberanía Alimentaria". Documento elaborado pela Oficina de Estudios y Políticas Agrarias. Santiago, Gobierno de Chile, 8/2/2022.

___. "Estrategia nacional de soberanía para la seguridad alimentaria". Documento elaborado pela Oficina de Estudios y Políticas Agrarias. Santiago, Gobierno de Chile, 2023.

7

Novos paradigmas da sustentabilidade e da segurança alimentar

Santiago José Arguello Campos
Marco Antonio Herrera Oropeza

O México está diante de uma nova realidade social, econômica, climática e produtiva, e o setor agroalimentar não é alheio a ela. Um dos maiores desafios que enfrentamos são os efeitos causados pelas mudanças climáticas, principalmente a seca, além do crescimento populacional, que indica a necessidade de, até 2050, a produção de alimentos crescer cerca de 70% comparativamente à atual.[1]

No entanto, isso deve ser feito em condições sustentáveis, que permitam que nossos recursos – como os genéticos, o solo, a água e a biodiversidade – estejam disponíveis para as novas gerações, com foco na bioeconomia que obtenha o máximo proveito de nossas culturas, cuidando dos recursos e, ao mesmo tempo, ofertando ferramentas para reduzir as perdas pós-colheita e o desperdício de alimentos.

Na agricultura, acreditamos que isso pode ser alcançado através do uso da tecnologia e da inovação, respaldadas pela ciência e num trabalho conjunto que integre os setores público e privado e a própria sociedade, a fim de obter um setor mais justo e inclusivo, o que vai permitir atingir as metas estabelecidas, mas sobretudo proporcionar bem-estar às famílias que vivem do campo.

1 As projeções mostram que, para alimentar uma população global de 9,1 bilhões de pessoas em 2050, seria necessário aumentar a produção de alimentos em 70%, tomando como base a média alcançada entre 2005 e 2007. A produção nos países em desenvolvimento teria quase que dobrar.

Nesse sentido, é fundamental continuar trabalhando no desenvolvimento de políticas públicas e no bom uso dos bens e serviços públicos para fortalecer as capacidades dos(as) produtores(as), com especial atenção aos jovens, que são a continuidade desse importante setor, e às mulheres, que muitas vezes se encarregam das parcelas, da produção e da venda das safras, por diversos fatores, como a migração ou a morte de seus parceiros, entre outras situações que as deixam no comando dessa grande atividade.

É por isso que, por meio da inclusão, da capacitação e da criação de oportunidades, buscamos que tanto os jovens quanto as mulheres encontrem no campo uma oportunidade lucrativa para se desenvolver profissionalmente e proporcionar segurança alimentar para suas famílias. Além disso, o estímulo a essa integração é feito a partir de uma visão abrangente que busca reunir e resgatar saberes ancestrais, mas também abrir caminho para a inovação e o conhecimento dos mais jovens.

No México temos um campo duplo,[2] onde se destacam as culturas "campeãs", que nos colocam como importantes produtores e exportadores mundiais e nos permitem ter uma balança agroalimentar superavitária, ou seja, exportamos mais do que importamos, mas também reconhecemos que, para o Sul-Sudeste, embora haja solos muito bons e uma boa quantidade de recursos hídricos, não ocorreu o desenvolvimento esperado. Há, ali, uma oportunidade de aumento da produtividade e da resiliência, com o manejo adequado do solo, sobretudo nas comunidades nativas.

Nesse caminho rumo a sistemas agroalimentares mais sustentáveis e resilientes, é fundamental o incentivo à utilização adequada dos solos e o conhecimento dos seus aspectos básicos, uma vez que esse recurso é o principal ativo do nosso setor agroalimentar e o principal patrimônio dos(as) produtores(as).

Outros aspectos muito importantes nessa nova visão do campo, e que ficaram como uma lição pós-pandemia – período em que o campo não parou –, são a saúde e a segurança no trabalho, com o desenvolvimento de ações conjuntas que garantam o bem-estar dos integrantes das cadeias produtivas, principalmente para que possam desenvolver suas atividades da melhor forma.

Nesse sentido, as prioridades do governo do México para garantir a segurança alimentar nacional com soberania têm pontos estratégicos que se

2 No campo mexicano, 81% das unidades de produção rural (4,3 milhões) correspondem à agricultura familiar, com vínculos limitados com os mercados, e apenas 19% (990 mil) são de agricultura comercial ou empresarial.

desenvolvem por meio dos bens e serviços da Secretaria da Agricultura e em colaboração com outras instituições públicas e privadas.

O primeiro está focado no aumento da capacidade produtiva da agricultura familiar, a qual representa uma grande oportunidade para a segurança alimentar, mas sem descuidar da agricultura comercial, uma vez que cada uma tem uma contribuição destacada em seu mercado. Tudo isso é realizado por meio dos bens e serviços públicos, assim como por meio de um trabalho coordenado com outras instituições públicas e privadas, com as quais se alcançou uma sinergia estratégica para atingir os objetivos de bem-estar e autossuficiência alimentar.

Outro ponto é o uso de insumos agrícolas de forma responsável, para poder nutrir os solos sem danificá-los, migrando paulatinamente para uma agricultura regenerativa e agroecológica, baseada na ciência; e ademais continuar fortalecendo o *status* fitozoossanitário nacional.

Da mesma forma, considerando o percentual de produtos que se perdem no caminho do campo para a mesa, busca-se também reduzir – até conseguir evitar – as perdas pós-colheita, bem como mitigar o desperdício nas esferas do produtor, do distribuidor e do consumidor, com foco na bioeconomia, aproveitando o produto ao máximo.

No atual contexto de seca e degradação do solo, busca-se igualmente que os(as) produtores(as) façam melhor uso dos recursos hídricos e aproveitem as culturas com menor necessidade de água, considerando sua disponibilidade nas diferentes regiões do nosso país. Pode-se, assim, reduzir a pegada onde for necessário.

Nesse cenário, a Agricultura por Contrato (AxC) vem solucionar um problema importante: para que a produção e a venda de culturas sejam vantajosas para todos, rentáveis, e promovam o uso de práticas mais amigáveis com o ambiente, a AxC conta com garantia de preços e instrumentos de gestão da irrigação, em que o pequeno produtor e o trabalhador agrícola têm um seguro de renda digna e próspera, assim como saúde e segurança ocupacional. Ainda, busca-se continuar fortalecendo o intercâmbio comercial com nossos parceiros, principalmente os das Américas. Por meio dos programas prioritários, trabalha-se para criar condições para atender a essas necessidades, como a entrega de insumos de nutrição.

A acessibilidade dos alimentos é outro ponto fundamental quando se fala em segurança alimentar. Na agricultura, contamos com uma rede de mais de 24 mil lojas de abastecimento que oferecem produtos básicos e complementares, além de uma rede de mais de 10 mil estabelecimentos para venda de leite mexicano.[3]

Esses produtos são, em sua maioria, comprados de produtores e depois disponibilizados à sociedade em supermercados, os quais se encontram em quase 90% dos municípios do país, principalmente em áreas com altos níveis de vulnerabilidade, mas que promovem o círculo virtuoso produção-comercialização-consumo.

Tanto as ações mencionadas como os programas prioritários coordenados pela Secretaria de Agricultura e Desenvolvimento Rural são acompanhados por estratégias complementares voltadas para culturas específicas.

Entre as ações podemos destacar, em termos de saúde e segurança agroalimentar, o manejo agronômico integral de frutas cítricas para prevenir o *greening* (HLB). Como a produção de frutas cítricas no México é muito importante, tanto o produto que permanece para consumo local como aquele que é exportado devem manter a qualidade que nos caracteriza; claro, sempre procurando reduzir riscos e perdas para os produtores.

Também trabalhamos em campanhas que abordam temas que podem estar presentes, e serem acompanhados, em todo o mundo, mas que, no México, podem afetar até mesmo subsetores de grande importância para o consumo local, como os ovos não fecundados. Nesse sentido, prestamos especial atenção à questão da gripe aviária, para não colocar as galinhas em risco.

Com foco no tema da agricultura sustentável, desenvolvemos uma estratégia muito completa e elaborada para o trabalho em colaboração público-privada, a fim de fortalecer o conhecimento do solo e do seu manejo, por meio da Estratégia Nacional do Solo para a Agricultura Sustentável (Enasas), bem como do Programa Nacional de Manejo e Fertilidade de Solos e do Programa Nacional de Sementes (PNS), que busca aumentar o uso de sementes certificadas em mais hectares do que os das plantadas atualmente.

Adicionalmente, como explicado no início, outra questão muito importante é a seca, que está sob constante observação, pois é uma das que mais podem afetar a produção e os(as) produtores(as). No programa de mitigação da seca, busca-se a reconversão para culturas de ciclo curto, com menor demanda de água, entre as quais estão as oleaginosas, as forrageiras perenes e algumas plantas nativas, como a palma forrageira (*Opuntia ficus-indica*), em que,

[3] Em 2023, o México tinha uma rede de 24.429 lojas Diconsa e 10.357 de laticínios Liconsa.

mediante capacitação e acompanhamento, é possível passar de 8% de proteína para 20% de proteína, tornando-a adequada para competir com a alfafa, especialmente em regiões áridas e semiáridas.

Além disso, dando continuidade à necessidade expressa pelos(as) produtores(as) nativos(as), tem sido dada atenção aos "planos de justiça para os povos indígenas", que são geridos de modo transversal e interinstitucional para fortalecer suas regiões, sobretudo na região Yaqui do estado de Sonora.

Um dos principais problemas considerados durante o desenvolvimento dessas políticas públicas foi o acesso ao financiamento; em algumas ocasiões, isso impede ou retarda o crescimento e o desenvolvimento dos produtores, mormente os mais vulneráveis, que não possuem histórico de crédito ou garantias a oferecer para ter acesso a formas de crédito que lhes permitam melhorar seus processos. Nesse sentido, foram criados e fortalecidos programas de garantia para as primeiras perdas, que permitiram um efeito multiplicador de até 43 vezes (ou seja, cada peso de garantia apresentado alavancava até 43 vezes mais crédito).

Há também um programa de financiamento à agricultura familiar, que, como mencionado anteriormente, é considerado uma grande oportunidade para a produção e a segurança alimentar local. Com isso, busca-se promover o crédito para as pequenas unidades produtivas, e para a população de empresas familiares, facilitando seu acesso a serviços financeiros e tecnológicos acordes com suas necessidades. A ideia é proporcionar, assim, uma maior cobertura, mediante a participação de intermediários financeiros, com crédito direcionado e acompanhado para projetos viáveis de aumento da produtividade, sistemas de gestão de risco, sustentabilidade ambiental e igualdade de gênero.

Apesar dos desafios atuais, todas essas ações descritas aqui contribuíram para uma redução de 5,6% da taxa de pobreza. Também favoreceram o aumento da segurança alimentar, diminuindo a falta de acesso a alimentos nutritivos e de qualidade nas áreas rurais de 28% para 23,9%. Isso mostra que estamos no caminho certo, alavancando o desenvolvimento territorial com equidade, inclusão e justiça social.

Por outro lado, é gratificante reconhecer que existem pontos coincidentes entre o México, o Chile e a Holanda para a promoção de uma agricultura sustentável e inclusiva, o que nos permite usar sua experiência ao observar nossas políticas, mas também para colaborar, tema que consideramos cada dia mais importante. Essa foi outra lição que aprendemos com a pandemia, trabalhar em conjunto entre países e entre instituições públicas e privadas nos permite ter um alcance maior e desenvolver ações mais focadas.

É importante que, doravante, continuemos a ter essa visão e, acima de tudo, objetivos claros para continuar avançando em direção à sustentabilidade e à inclusão. Nesse sentido, o setor agroalimentar é um dos mais importantes, não só pelos empregos que gera, mas também porque é a base que alimenta nossas populações. Portanto, garantir o bem-estar e a disponibilidade de recursos daqueles que trabalham todos os dias para que isso seja possível deve ser uma prioridade mundial.

Referências bibliográficas

CONSEJO NACIONAL DE EVALUACIÓN DE LA POLÍTICA DE DESARROLLO SOCIAL (CONEVAL). 2023. Disponível em <https://www.coneval.org.mx/Paginas/principal.aspx>. Acesso em 31/3/2025.

FAO. *Cómo alimentar al mundo en 2050*. Roma, Secretaría del Foro de Alto Nivel de Expertos, 2009. Disponível em <https://www.fao.org/fileadmin/templates/wsfs/docs/Issues_papers/Issues_papers_SP/La_agricultura_mundial.pdf>. Acesso em 31/3/2025.

INSTITUTO NACIONAL DE ESTADÍSTICA Y GEOGRAFÍA (INEGI). 2023. Disponível em <https://www.inegi.org.mx/>. Acesso em 31/3/2025.

SECRETARÍA DE AGRICULTURA Y DESARROLLO RURAL. *Programa Nacional de Semillas (PNS), 2020-2024*. 2020. Disponível em <https://www.dof.gob.mx/nota_detalle_popup.php?codigo=5608920>. Acesso em 31/3/2025.

___. "Estrategia Nacional de Suelo para la Agricultura Sostenible (Enasas)". 2022. Disponível em <https://www.gob.mx/cms/uploads/attachment/file/754319/Estrategia_Nacional_de_Suelo_para_la_Agricultura_Sostenible.pdf>. Acesso em 31/3/2025.

___. "Agromonitor". 2023a. Disponível em <https://experience.arcgis.com/experience/cbd47188423a4f608c337f290feffab9/page/Monitor-AGRICULTURA/>. Acesso em 31/3/2025.

___. "Trabajo conjunto Agricultura y CNA permitirá un campo más incluyente y con crecimiento constante: Villalobos Arámbula". 2023b. Disponível em <https://www.gob.mx/agricultura/prensa/trabajo-conjunto-agricultura-y-cna-permitira-un-campo-mas-incluyente-y-con-crecimiento-constante-villalobos-arambula>. Acesso em 31/3/2025.

8

CeiA3: dinamizador de ecossistemas de inovação agroalimentar e suas alianças com a Rede Innovagro

Lola de Toro Jordano

Introdução ao ceiA3

O Campus de Excelência Internacional Agroalimentar andaluz (ceiA3) – formado pelas universidades de Almeria, Cádiz, Córdoba, Huelva e Jaén, com a colaboração de uma importante instituição científica agroalimentar, o Instituto Andaluz de Investigação e Formação Agrária, Pesqueira, Alimentar e da Produção Ecológica (Ifapa) – é considerado uma referência nacional e internacional em pesquisa, ensino e transferência agroalimentar.

Para unir forças em torno a esse objetivo e abordar as necessidades em formação e em PD&I do mundo agroalimentar, em 2009 esse conjunto de universidades participou da convocatória CEI do Ministério da Educação com um projeto ambicioso, mas realista: o ceiA3, que conta com o reconhecimento internacional do programa Campus de Excelência Internacional (CEI) desde 2014.

O programa CEI baseia-se na parceria estratégica de universidades, de instituições relacionadas ao Triângulo do Conhecimento e do setor produtivo, que, atuando em um ambiente ou *campus*, buscam tanto uma maior influência no desenvolvimento regional quanto sua referência e seu posicionamento no contexto internacional.[1]

Seu âmbito de atuação é o setor agroalimentar, que assume a responsabilidade de ser garante do abastecimento necessário de alimentos seguros, vincula a

[1] Moraza; Cuesta & Rubiralta i Alcañiz, 2010.

população ao território, gera atividade econômica e emprego e desempenha um papel crucial na manutenção do território rural e do ambiente.

O objetivo é consolidar o ceiA3 como "referência agroalimentar internacional", num setor de importância estratégica para a região da Andaluzia, para a Espanha e para a Europa. Com esse espírito, as ações do ceiA3 visam:

- *melhorar quantitativa e qualitativamente os dados sociais e econômicos do setor agroalimentar*, no contexto da crise econômica global e do novo desafio colocado pela globalização dos mercados, o que exige maior eficiência, competitividade, sustentabilidade e capacidade para proporcionar novos valores agregados;
- *melhorar a eficiência, a competitividade e a sustentabilidade*, promovendo e favorecendo um setor aberto à inovação, que acolha o desenvolvimento e a adoção de novas ideias e sua incorporação em novos processos, produtos e serviços;
- *aproximar o tecido empresarial da comunidade científica* para estimular a busca por soluções inovadoras em termos de qualidade e segurança alimentar, favorecendo e dinamizando a transferência de conhecimento entre todos os agentes do setor;
- promover a *internacionalização*;
- alinhar as ações dos membros do *campus* com as políticas setoriais e horizontais e colaborar com as administrações competentes em matéria agroalimentar e de inovação.

Um dos pontos estratégicos do projeto *campus* é consolidar a parceria entre os membros e reforçá-la com organismos, instituições, empresas e demais agentes do setor a fim de alcançar um espaço onde a interação entre os componentes culmine num modelo e numa referência de excelência internacional.

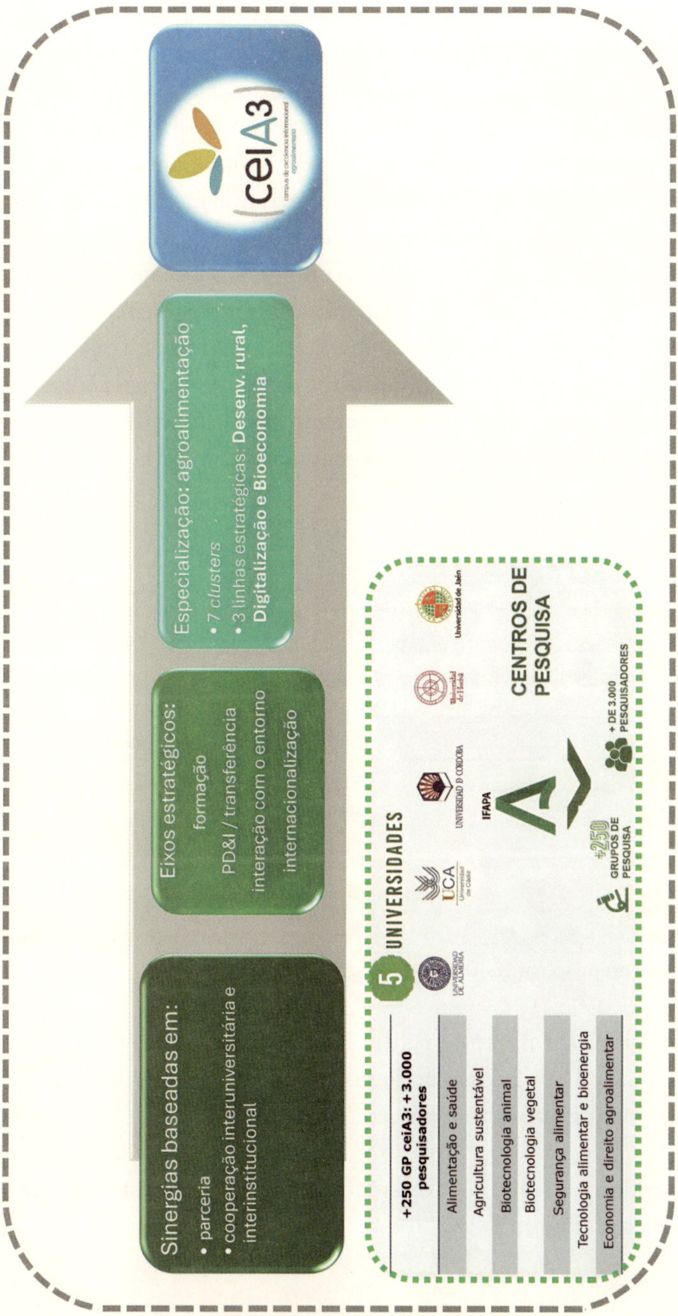

Figura 8.1 – Introdução ao Campus de Excelência Internacional Agroalimentar ceiA3. Fonte: Elaboração do ceiA3.

O *campus* concentra sua especialização no setor agroalimentar, que é prioritário para a Espanha e para a região da Andaluzia, pelo volume de negócios, por ser fonte de emprego e pelo vínculo da população ao território. A importância do setor agroalimentar na Espanha não se vê respaldada por dados semelhantes quanto ao nível de inovação, que demanda ações destinadas a melhorar a eficiência, a competitividade e a sustentabilidade. Por isso, é fundamental o apoio a instrumentos que facilitem e promovam a inovação, assim como a transferência que a valorize e a excelência em formação e pesquisa que as instituições integrantes do ceiA3 possuem:

- No que se refere à excelência científica e à transferência de tecnologia, para trabalhar as necessidades apresentadas pelo setor e pela sociedade atual, o ceiA3 conta com 250 grupos de pesquisa especializados em agroalimentação – com um potencial humano de mais de três mil pessoas –, distribuídos em 16 linhas temáticas (Tabela 8.1):

Tabela 8.1 – Linhas temáticas do ceiA3.

Biodiversidade e meio ambiente	Bioenergia
Biologia integrativa	Qualidade e segurança alimentar
Desenvolvimento territorial, rural e turismo sustentável	Economia, política e legislação agroalimentares
Erosão, conservação e fertilização do solo	Engenharia rural e agroalimentar
Melhoramento, produção e proteção vegetal	Melhoramento, produção, nutrição e saúde animal
Nutrição e saúde	Química da agroalimentação
Recursos hídricos	Tecnologia de alimentos e enologia
Tecnologias agrárias e ambientais	Tecnologias da informação e bioinformática

Fonte: Elaboração própria a partir de dados do ceiA3.

- Em termos de formação e qualificação, destacam-se 80 mestrados, 100 licenciaturas e 16 programas de doutorado, além de cursos de especialização e programas de apoio ao empreendedorismo.

O potencial do *campus* ligado às entidades membros está resumido no seguinte esquema (Figura 8.2):

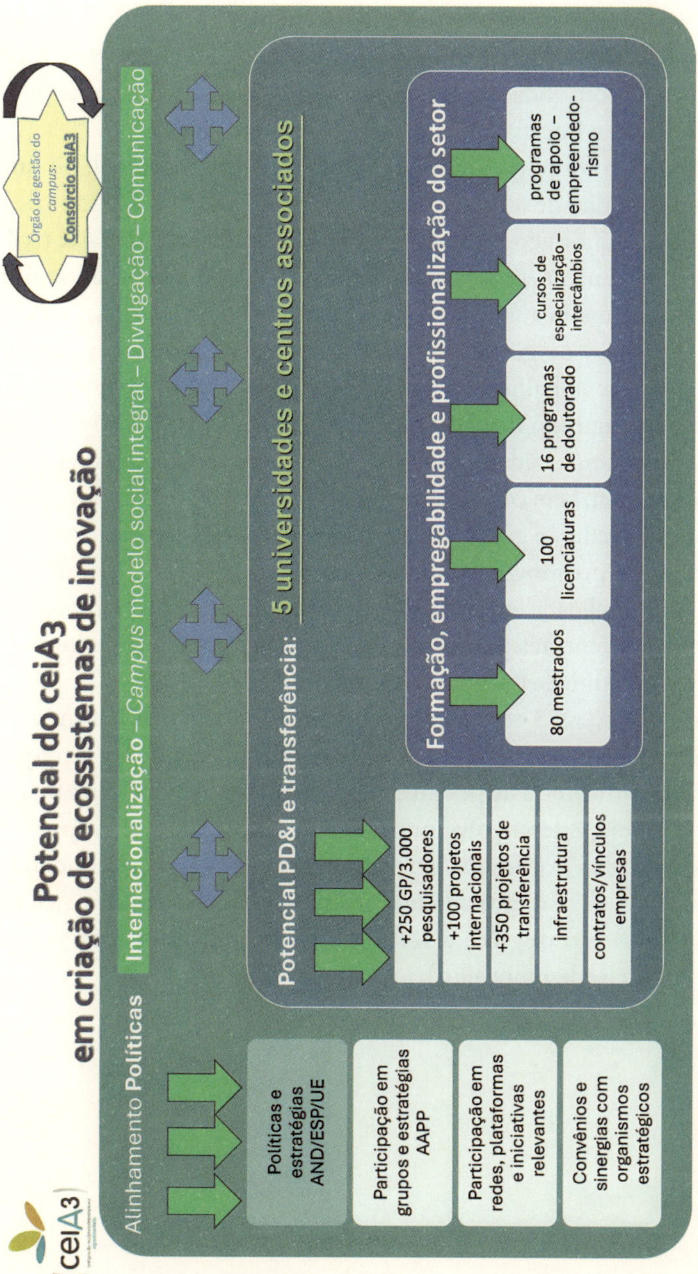

Figura 8.2 – Potencial do Campus de Excelência Internacional Agroalimentar ceiA3. Fonte: Elaboração do ceiA3.

Ao longo desses anos, o ceiA3 foi se tornando uma referência internacional de excelência em pesquisa, formação e transferência, e de interação com o meio socioeconômico do setor agroalimentar, rumo a um modelo de produção sustentável baseado no conhecimento e na inovação. As chaves para isso têm sido a aposta na consolidação de parcerias e no desenvolvimento com vistas à especialização e à internacionalização das suas estratégias.

Em um artigo sobre os Campi de Excelência Internacional, no qual se reflete em profundidade sobre a realidade dos CEI em 2017, Delgado destaca a importância de que a gestão dos CEI esteja a cargo de profissionais e técnicos de alto nível, que não necessariamente coincidem com os responsáveis pela equipe que administra a universidade. O Campus de Excelência ceiA3 tem seu próprio órgão de gestão, o consórcio ceiA3, formado pelas cinco universidades, que trabalha para fortalecer as ações no âmbito do CEI. Com o objetivo de atingir um nível de excelência em todas as suas atividades que permita às cinco universidades tornarem-se uma referência internacional do setor agroalimentar, bem como aumentar e otimizar a oferta de oportunidades a estudantes, docentes e grupos de pesquisa, a área de internacionalização é responsável por promover as relações com universidades estrangeiras e programas de mobilidade internacional, além de aproximar o tecido empresarial da comunidade científica para estimular a procura por soluções inovadoras em termos de qualidade e segurança alimentar.

O consórcio ceiA3 torna-se um catalisador entre as carências e as necessidades tecnológicas do setor agroalimentar espanhol e a frequente desconexão entre a oferta de pesquisa, as demandas do setor e as do mercado. É aqui que o ceiA3 desenvolve um potencial indispensável – apoiando a internacionalização do sistema agroalimentar como aspecto fundamental para aumentar sua competitividade e sua diferenciação –, para o qual conta com um aliado estratégico: a Rede de Gestão da Inovação no Setor Agroalimentar (Rede Innovagro).

Figura 8.3 – Órgão de gestão do ceiA3. Fonte: Elaboração do ceiA3.

O papel do consórcio ceiA3 e exemplos práticos de dinamização de ecossistemas

No setor agroalimentar, não se inova de forma individualizada ou desconectada dos demais agentes; é necessário entender que as inovações ocorrem dentro de Ecossistemas de Inovação Agroalimentar (em inglês, Agricultural Knowledge and Innovation Systems – Akis). Esse conceito é usado para definir todos os tipos de atores na quádrupla hélice de um país ou região e suas interconexões e modo de interagir.[2] Os principais atores desses Akis são os Agentes ou Serviços de Apoio à Inovação (Innovation Support Services – ISS), que permitem a geração de ideias inovadoras a fim de encontrar soluções para a transição a um setor agrícola e florestal mais sustentável.

Projeto europeu Attractiss

Ao longo de seis anos, o ceiA3, junto com outros 16 membros de 13 países, no projeto europeu Attractiss para aprofundar a função dos Serviços de Apoio à Inovação (AcTivate and TRigger ACTors to deepen the function of Innovation Support Services) – financiado pelo programa Horizon Europe –, centraram-se em empoderar os ISS como caminho para um setor agroalimentar e florestal mais sustentável. Tudo isso por meio da dinamização, da captação de recursos e do estabelecimento de contatos entre eles.

[2] EU/Scar/Akis, 2019.

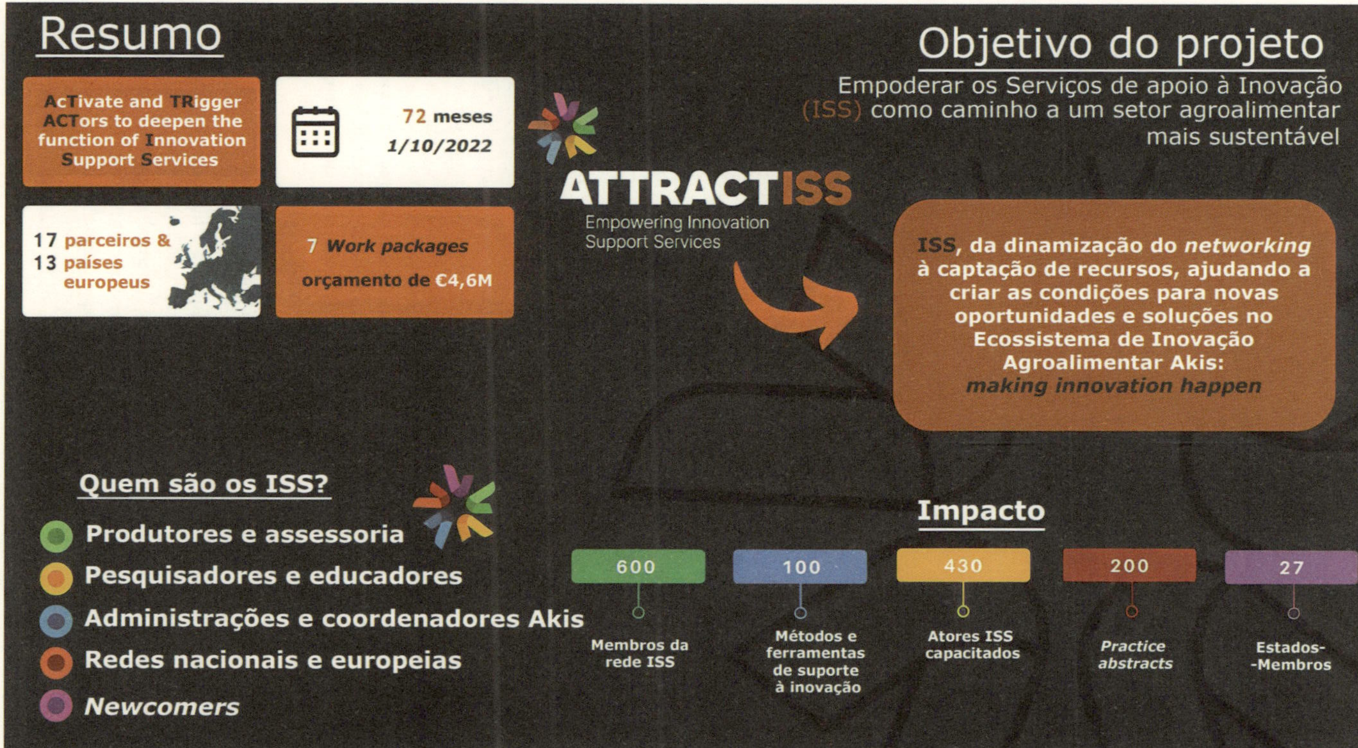

Figura 8.4 – Resumo do projeto europeu Attractiss. Fonte: Projeto Attractiss.

A definição dos ISS é derivada da execução de várias funções próprias desses Serviços de Apoio à Inovação, as quais foram estabelecidas nos estágios iniciais do projeto (Tabela 8.2).

Tabela 8.2 – Funções dos Serviços de Apoio à Inovação (ISS).

Função	**Descrição**
ISS1. Sensibilização e difusão do conhecimento (nova definição do consórcio Attractiss)	Todas as atividades que contribuam para a sensibilização, a divulgação do conhecimento científico ou informações técnicas para os agricultores. Por exemplo, fornecer conhecimentos por meio de fóruns de difusão de informações (*site*, brochuras), reuniões ou demonstrações e visitas de intercâmbio.
ISS2. Assessoria, consultoria e suporte	Atividades de apoio específicas destinadas a resolver problemas complexos (por exemplo, um novo sistema agrícola), com base nas demandas dos atores e na construção conjunta de soluções.
ISS3. Articulação das demandas	Serviços que buscam ajudar os atores a expressar demandas claras aos outros atores (pesquisadores, prestadores de serviços etc.). Trata-se de um apoio destinado a melhorar a capacidade do inovador de expressar as suas necessidades a outros agentes relevantes.
ISS4. Facilitação de *networking* e intercâmbio	Prestação de serviços para ajudar a organizar ou fortalecer redes; melhorar as relações entre os atores; e alinhar os serviços para se complementarem (o serviço adequado no momento e no lugar adequados). Também inclui todas as atividades destinadas a fortalecer a ação colaborativa e coletiva.
ISS5. Capacitação	Prestação de serviços com foco no aumento das capacidades dos atores da inovação nos níveis individual, coletivo e/ou organizacional.
ISS6. Melhoria/apoio ao acesso aos recursos	Prestação de serviços para inovadores que visam melhorar a aquisição de recursos para apoiar o processo. Isso poderia consistir na facilitação do acesso a insumos (sementes, fertilizantes etc.), instalações e equipamentos (plataformas tecnológicas, laboratórios etc.) e financiamento (crédito, subsídios, subvenções, empréstimos etc.).
ISS7. Apoio institucional à inovação de nicho e estímulo a mecanismos de escalonamento	Prestação de apoio institucional à inovação de nicho (incubadoras, infraestruturas experimentais etc.) e à expansão do processo de inovação. Refere-se ao apoio à concepção e à aplicação de normas, regras, mecanismos de financiamento, impostos, subsídios etc. que facilitem o processo ou a difusão da inovação.

Fonte: Elaboração própria a partir de dados do ceiA3.

O consórcio ceiA3 posiciona-se como um conjunto de ISS estratégico, essencial para os Akis da Andaluzia que dinamizam a hélice quádrupla, promovem a interconexão universidade-empresa e a implementação de projetos inovadores, de que são exemplo os Grupos Operacionais (GO) da Associação Europeia para a Inovação em produtividade e sustentabilidade agrícolas (AEI-Agri, também conhecida como EIP-Agri em inglês).

Projetos de Forças-Tarefa Regionais

Os GOs e os projetos inovadores que executam têm as seguintes características:

- ✓ são a principal ferramenta AEI-Agri;
- ✓ são formados como grupos de pessoas que trabalham em equipe em um projeto de inovação;
- ✓ seu enfoque é multiatores: reúnem colaboradores com conhecimentos complementares;
- ✓ sua composição é variável, de acordo com o tema e os objetivos específicos de cada projeto;
- ✓ os projetos desenhados por esses GOs surgem como resposta a problemas reais do setor: projetos *bottom-up*;
- ✓ não são, portanto, projetos de pesquisa, mas projetos de inovação que respondem a problemas reais através de ideias inovadoras;
- ✓ têm um caráter efêmero: vida do projeto;
- ✓ compartilham os resultados do projeto com a rede mais ampla: sinergias.

Atualmente, e até 2024, o consórcio ceiA3 está promovendo a participação em oito GOs do concurso de 2020 para diferentes temas e subsetores e outros oito do concurso de 2022 (Figura 8.5).

Figura 8.5 – Exemplos de GOs com a participação do ceiA3. Fonte: Página *web* do ceiA3.

O ceiA3 tem uma função estratégica em todos eles, com uma participação ativa tanto na preparação das propostas como na sua execução, envolvendo um triplo papel: (1) como guarda-chuva para grupos de pesquisa; (2) como agente de inovação, promovendo a aproximação e a interação do setor com o tecido do conhecimento, e apoiando a gestão e a execução do projeto; (3) como responsável por ações de divulgação, voltadas principalmente para o tecido do conhecimento.

Para facilitar a compreensão desse tipo de iniciativa, trataremos de dois exemplos de GOs do concurso de 2020 – com período de execução de 2022 a 2024 –, nos quais o ceiA3 participa juntamente com seus pesquisadores e outros agentes do setor: o GO Biorumioli e o GO Biosuero.

Exemplo prático de um grupo operacional: GO Biorumioli[3]

O GO Biorumioli é composto com a Cooperativa de Segundo Grau DCOOP, a organização de produtores Cooperativas Agroalimentares da Andaluzia representando o setor, e o ceiA3, juntamente com pesquisadores da Universidade de Córdoba como agentes de conhecimento, além de pesquisadores do CSIC como subcontratados.

O inovador projeto GO Biorumioli tem como foco a bioeconomia circular, para que um subproduto, como a polpa de azeitona, seja valorizado por ser reutilizável, proporcionando ainda um benefício adicional como consequência do seu uso. O projeto abarca áreas temáticas como agricultura, melhoria das técnicas de produção, produtividade e processos, indústria agroalimentar, segurança alimentar, caracterização organoléptica, pesquisa de mercado e comercialização, alinhando-se com o objetivo principal da Estratégia Andaluza de Bioeconomia Circular.

O GO Biorumioli é, então, um projeto estratégico e inovador que busca obter produtos lácteos bioeconômicos e funcionais produzidos a partir de pequenos ruminantes alimentados com um subproduto da indústria do azeite de oliva, a já citada polpa de azeitona. Esse ingrediente será incorporado à dieta deles mediante uma tecnologia, ou combinação de tecnologias, que será eficiente e economicamente viável para sua transformação. Para garantir a rastreabilidade dos produtos gerados e das informações ao consumidor,

[3] Cf. <https://biorumioli.es/>.

serão utilizadas as TICs por meio do desenvolvimento de códigos QR. Assim, as principais ações desenvolvidas no âmbito do projeto GO Biorumioli serão:

- ✓ Caracterização da polpa de azeitona e projeto da ração: caracterização das propriedades químicas, nutricionais e funcionais dos compostos de interesse presentes na polpa de azeitona a serem utilizados em testes *in vivo*; projeto da ração com diferentes percentuais de inclusão de polpa de azeitona; e estudos de estabilidade da polpa durante o armazenamento.
- ✓ Teste *in vitro* e formulação de dietas: testes *in vitro* e *in situ* (ritmo e extensão da degradação ruminal da matéria seca, digestibilidade da matéria orgânica e da energia metabolizável para complementar as informações obtidas na ação anterior), formulação de dietas controle e experimentais (com diferentes porcentagens de inclusão de polpa de azeitona), estudos de digestibilidade *in vivo* e balanço de nitrogênio e energia.

- ✓ Teste *in vivo* em cabras em lactação e estudo de produtos: testes *in vivo* em cabras em lactação, análise de amostras do leite produzido por ambos os grupos de animais, determinação da produção de metano dos animais que receberam a dieta controle e dos que receberam a experimental, análise estatística dos resultados e elaboração de conclusões.
- ✓ Preparação e caracterização de produtos lácteos: as melhorias introduzidas na composição do leite de cabra serão analisadas de maneira objetiva mediante a

realização de testes em dois tipos de produtos: iogurte e queijo enzimático. Além disso, será feita uma caracterização de cada um desses produtos: caracterização reológica e análise sensorial.

- ✓ Análise econômica, ambiental e social: avaliação hedônica do consumidor, experiências de escolha do consumidor, estudo econômico, avaliação do impacto ambiental, análise socioeconômica e avaliação integrada dos resultados.
- ✓ Ações de divulgação: imagem corporativa do projeto, gestão de mídia (internet e mídias sociais), geração e difusão de conteúdos. Dinamização, organização e participação em eventos. Colaboração com outras iniciativas relevantes. Geração de código QR.

Como principais resultados do projeto GO Biorumioli, espera-se demonstrar que a polpa de azeitona pode ser introduzida na dieta de pequenos ruminantes a fim de aumentar a rentabilidade dos pecuaristas e criar uma alternativa para a indústria do azeite de oliva, conseguindo, assim, um uso mais eficiente da energia aplicada à gestão de subprodutos e à redução da emissão de óxido nitroso e metano provenientes da queima de biomassa. Com a aplicação do conhecimento gerado pelos organismos de pesquisa participantes, uma série de oportunidades será proporcionada ao setor, o que envolve:

- ✓ garantir retorno econômico para os produtores primários (lagares e agricultores), após a avaliação da viabilidade técnica do tratamento e dos custos de valorização da polpa de azeitona para sua inclusão na dieta caprina;
- ✓ desenvolver novos produtos lácteos com leite de cabra, viáveis do ponto de vista tecnológico, e com um benefício adicional derivado da alimentação dos animais com polpa de azeitona;
- ✓ conhecer as preferências, a aceitação e a disposição de pagar, por parte dos consumidores, relativas ao leite e aos produtos lácteos procedentes de animais que incorporem preparados bioeconômicos de subprodutos do azeite em sua dieta;
- ✓ conhecer o impacto ambiental da inclusão de subprodutos do azeite na dieta de pequenos ruminantes;
- ✓ garantir a rastreabilidade e as informações de novos produtos fornecidas ao consumidor através da utilização de códigos QR associados aos produtos lácteos bioeconômicos e funcionais.

Exemplo prático de um grupo operacional: GO Biosuero[4]

O GO Biosuero, com foco na revalorização do soro de queijo para seu uso como biofertilizante/bioestimulante, é composto pelo Grupo de Desenvolvimento Rural Guadalhorce, pela cooperativa Guadalhorce Ecológico, SCA, representando o setor e o território, e pelo ceiA3, juntamente com pesquisadores da Universidade de Córdoba como agentes de conhecimento, além da empresa Séneca Green, da Universidade de Sevilha como subcontratada e da associação Quesándaluz como colaboradora.

Na Andaluzia, grandes quantidades de soro de leite são produzidas todos os anos. A cada dez litros de leite, obtém-se cerca de um quilo de queijo e nove litros de soro de leite. Esse soro tem um alto poder poluente e, embora possa ser usado para diferentes finalidades, existe o risco de uma gestão inadequada (descargas em redes de esgoto ou no Domínio Público Hidráulico – DPH) em determinadas épocas do ano. As queijarias andaluzas poderão integrar a tecnologia a ser desenvolvida dentro de uma economia circular, valorizando o que atualmente é um subproduto-resíduo e aproveitando grande parte da água do soro, que poderá ser reutilizada na própria fábrica.

Graças ao GO Biosuero, os agricultores terão um bioestimulante/biofertilizante produzido em seu ambiente local, com proximidade física e temporal, o que aumenta seu valor e reduz seu custo, o qual pode substituir produtos sintéticos (fertilizantes, agroquímicos) e melhorar a saúde da planta e o funcionamento do sistema radicular. A produção dos bioestimulantes é um processo de alta eficiência energética, em que é possível recuperar parte da água das plantas, com economia desse recurso tão escasso e a um baixo custo ambiental. Os benefícios desse produto para as culturas já foram documentados, e o Biosuero permitirá uma maior difusão e uma melhoria no conhecimento dos protocolos de aplicação nas culturas andaluzas. Estarão disponíveis informações precisas sobre quando, quanto e como aplicar o produto, que pode ser utilizado na agricultura ecológica aumentando a gama de produtos

4 Cf. <https://biosuero.com/>.

disponíveis nesse tipo de agricultura. Assim, as ações realizadas para a materialização do projeto GO Biosuero são:

- ✓ Avaliação do potencial químico do soro de leite produzido pelas queijarias em Guadalhorce para ser convertido em biofertilizantes/bioestimulantes.
- ✓ Avaliação dos parâmetros de fertilidade e diversidade microbiana induzida por bioprodutos (gêneros bacterianos reconhecidos como promotores de crescimento de plantas) em solos.
- ✓ Avaliação da capacidade biofertilizante/bioestimulante nas culturas de bioprodutos derivados do soro de leite.
- ✓ Validação e oferecimento de uma alternativa de valor agregado para o tratamento do soro nas queijarias.

O principal resultado do GO Biosuero é o uso de bioestimulantes no campo, que, esperamos, substituirá o uso de produtos químicos sintéticos, com maior impacto ambiental e alto nível de emissões de CO_2, para que a agricultura avance na meta de ser neutra em carbono. A melhoria da saúde do solo contribuirá para sua maior biomassa, resultando em maior biodiversidade e captura de CO_2 pelos solos. Além disso, o projeto pode ajudar a gerar empregos de qualidade nas áreas rurais.

CeiA3 e a Rede Innovagro

A Rede de Gestão da Inovação no Setor Agroalimentar (Rede Innovagro) é de importância estratégica na América Latina, com 70 membros de 14 países, principalmente das Américas e da Europa. Os membros têm um perfil multidisciplinar e complementar (centros de pesquisa, instituições do setor público, universidades, organizações empresariais, fundações, redes e sistemas regionais, organizações da sociedade civil, sistemas nacionais, organismos internacionais e instituições financeiras).

A Rede Innovagro é um instrumento fundamental para promover esses ecossistemas de inovação e estreitar vínculos entre os países, estimulando alinhamentos estratégicos em políticas como a bioeconomia, a digitalização, a sustentabilidade ou o desenvolvimento territorial.

O ceiA3 partilha com a Rede os objetivos de dinamizar ecossistemas de inovação agroalimentar e de fomentar sinergias e o trabalho colaborativo entre instituições, bem como linhas estratégicas de trabalho. Desde o início, estabeleceu-se uma relação estreita entre o ceiA3 e a Innovagro, que pode ser resumida como:

- ✓ o ceiA3 é membro da Rede desde o início e ocupa a vice-presidência para a Europa desde 2017;
- ✓ o presidente do ceiA3 ocupa a presidência da Rede desde 2019;
- ✓ o ceiA3 tem colaborado ativamente com a Rede na organização e na participação de seminários internacionais anuais, nos prêmios Innovagro, nas rotas itinerantes de inovação com a participação de membros de diferentes países ou programas de formação;
- ✓ têm sido promovidas ações colaborativas, como a dinamização de encontros entre os membros;
- ✓ foram geradas sinergias, possibilitando um efeito multiplicador dos projetos de que participa o *campus*, por meio de reuniões B2B, *webinars*, seminários, *newsletters* e redes sociais no âmbito da Rede;
- ✓ colaboração na implementação e na dinamização da revista *C3-Bioeconomy*,[5] que inclui trabalhos em espanhol ou inglês, centrados nas atividades e nos resultados da inovação no campo da bioeconomia circular e sustentável agroalimentar e florestal. A revista contém as seguintes seções específicas:

  - *Sustentabilidade dos sistemas de produção*: energia, água e outros recursos naturais
  - *Biotecnologias e bioprocessos* na cadeia alimentar
  - *Biorrefinarias e bioenergia* em agroalimentação e sistemas florestais
  - *Bioprodutos* de alto valor agregado em alimentos, saúde, cosméticos e indústria

[5] *Site*: <https://www.uco.es/ucopress/ojs/index.php/bioeconomy>.

- Aspectos socioeconômicos da *bioeconomia*
- *Economia circular*

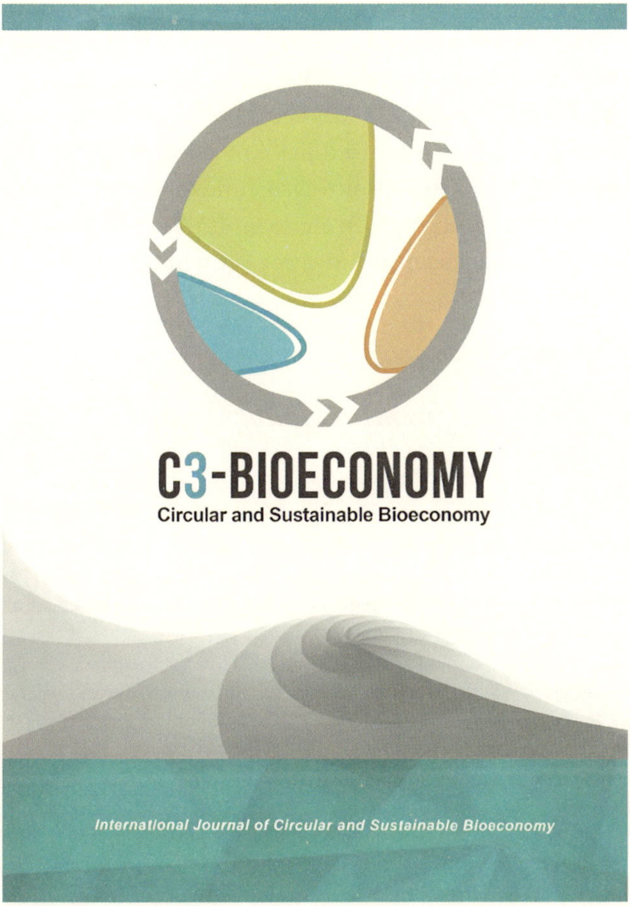

Figura 8.6 – Capa da revista *C3-Bioeconomy*.
Fonte: Página *web* da *C3-Bioeconomy*.

Conclusão

Em síntese, os princípios básicos para promover a dinamização dos ecossistemas de inovação agroalimentar são a especialização e as parcerias estratégicas baseadas no estabelecimento de alianças e na colaboração intra e interinstitucional. O ceiA3 posicionou-se como um elemento-chave para a dinamização da inovação no setor agroalimentar da região da Andaluzia, situada no sul da Espanha, através da criação de um consórcio de cinco universidades com especial potencial agroalimentar.

No âmbito regional, valoriza-se a promoção de alianças que dinamizem a hélice quádrupla por meio do desenvolvimento de projetos de grupos operacionais. No europeu, o projeto Attractiss analisa o papel dos Serviços de Apoio à Inovação, suas funções e suas necessidades de articulação e formação.

Sua expansão na esfera internacional tem sido promovida mediante as alianças entre o ceiA3 e a Rede Innovagro, fundamentais para dinamizar os ecossistemas de inovação e gerar um efeito multiplicador das ações, sinergias e colaboração, a fim de alcançar um setor agroalimentar mais sustentável, inovador e resiliente.

Referências bibliográficas

DELGADO, L. "Campus de Excelencia Internacional. Hacia una reforma estructural del Sistema Universitario Español". *La Cuestión Universitaria*, n. 9, 29 set. 2017, pp. 46-59.

EU/SCAR/AKIS. *Preparing for Future Akis in Europe*. Brussels, European Commission, 2019.

EUROPEAN COMMISSION. "Report from the Commission to the European Parliament and the Council Summary of CAP Strategic Plans for 2023-2027: joint effort and collective ambition". Brussels, European Commission, 2023.

FAURE, G.; KNIERIM, A.; KOUTSOURIS, A. *et al.* "How to strengthen innovation support services in agriculture with regard to multi-stakeholder approaches". *Journal of Innovation Economics & Management*, n. 28, 2019, pp. 145-169. Disponível em <https://shs.cairn.info/revue-journal-of-innovation-economics-2019-1-page-145?lang=en>. Acesso em 25/4/2025.

MORAZA, J. M.; CUESTA, S. & RUBIRALTA i ALCAÑIZ, M. *Campus de excelencia internacional. El arte como criterio de excelencia*. Madrid, Secretaría General de Universidades, 2010. Disponível em <https://www.libreria.educacion.gob.es/libro/campus-de-excelencia-internacional-el-arte-como-criterio-de-excelencia_171509/>. Acesso em 31/3/2025.

PROIETTI, P. & CRISTIANO, S. "Innovation support services: an evidence-based exploration of their strategic roles in the Italian AKIS". *The Journal of Agricultural Education and Extension*, vol. 29, n. 28, 2022, pp. 1-21.

PROIETTI, P.; CRISTIANO, S. & LASORELLA, M. V. "Working document for updating D3.4 of the i2connect project". I2connect Project, 2022.

PROIETTI, P.; CRISTIANO, S.; BOITELET, M. *et al.* "First series of individual reports from the field reviews of practical cases: deliverable 2.3". I2connect Project, 2021. Disponível em <https://i2connect-h2020.eu/wp-content/uploads/2021/10/i2connect_Deliverable_2_3_final.pdf>. Acesso em 25/4/2025.

PROIETTI, P.; CRISTIANO, S.; KOUTSOURIS, A. *et al.* "D1.1. Conceptual grounds and common understanding: state of the art". Attractiss, 2023. Disponível em <https://attractiss.eu/wp-content/uploads/2023/05/ATTRACTISS_WP1_-D1.1.-Conceptual-grounds-_V5_310123.pdf>. Acesso em 25/4/2025.

9

Inovações em políticas públicas para a segurança alimentar: um olhar a partir dos sistemas agroalimentares, territórios, dos jovens e das mulheres das Américas

Diego Montenegro Ernst

Este capítulo discorre sobre as inovações em políticas públicas para a segurança alimentar, da perspectiva da necessidade urgente de transformar os sistemas agroalimentares nas Américas e no Caribe, a fim de redirecionar esforços para a sustentabilidade do planeta, garantir a segurança alimentar de uma população em permanente crescimento e contribuir com o cumprimento dos Objetivos de Desenvolvimento Sustentável (ODS) e da Agenda 2030.

Com essa finalidade, e como quadro introdutório, vamos compartilhar informações relevantes sobre os impactos atuais e futuros dessa crise multidimensional global que estamos enfrentando. Não há dúvida de que hoje vivemos em um contexto mundial que apresenta profundas mudanças estruturais que nos obrigam a considerar a necessidade de aplicar padrões renovados de desenvolvimento e políticas públicas, os quais devem impulsionar visões mais abrangentes que permitam alavancar o conhecimento, a inovação e a tecnologia com base nos princípios da bioeconomia e da economia circular; e de uma nova territorialidade,[1] que aproxime o rural do urbano e que

[1] A nova territorialidade está associada ao conceito de "nova ruralidade", que implica a ocupação e o uso de áreas rurais tradicionais por atividades de diferentes indústrias ou, muitas vezes, "urbanas", tornando a atividade agrícola uma a mais, e não a mais importante, aumentando assim a mobilidade de pessoas e bens.

contribua para a redução das lacunas de oportunidades e conhecimentos. Nesse sentido, a identificação de cadeias de valor (dentro e fora do setor agropecuário) – com um alto potencial de agregação de valor e de criação de oportunidades para os setores mais desfavorecidos de nossas sociedades – assume um papel de particular relevância e urgência. Com base nessas ideias centrais, refletiremos sobre:

- as oportunidades que temos nas Américas e no Caribe para fortalecer e transformar de forma sustentável os sistemas agroalimentares, em um contexto global incerto e instável;
- a importância da ciência, da tecnologia e da inovação como elementos centrais dessa transformação;
- a agenda pendente;
- a participação ativa, visível e real dos jovens e das mulheres na resposta a esses desafios;
- e, finalmente, sobre o papel que os setores públicos, privados, acadêmicos e os organismos internacionais devem desempenhar para passar dos diagnósticos e ideias à ação, sem deixar ninguém para trás.

O contexto global

Sem dúvida, os efeitos da pandemia de covid-19 ainda estão muito presentes, pois suas variantes continuam causando medo, doença e morte. Segundo dados oficiais, o número de mortes registradas na América Latina e no Caribe (ALC) representou 32% de todas as mortes em nível mundial, quando a população dessa região corresponde a apenas 8% do total. Em termos econômicos, a queda do produto interno bruto da região no ano de 2020 foi de 7%. Hoje enfrentamos um enorme retrocesso, em relação aos avanços alcançados anteriormente, nos indicadores de desenvolvimento humano, os quais, segundo fontes da Organização das Nações Unidas (ONU), estão semelhantes aos de uma década atrás, com altos níveis de pobreza e extrema pobreza, assim como de fome e desnutrição. Dessa forma, persistem preocupações com a desaceleração do crescimento econômico global e os altos níveis de inflação, conforme resumido na Figura 9.1.

Figura 9.1 – O agro na ALC: impactado pela crise global.
Fonte: Cepal; FAO & Iica, 2021.

Em termos de saúde, a desnutrição, a obesidade e as doenças não transmissíveis correlatas continuam a aumentar, afetando uma porcentagem cada vez maior da população.

O cenário torna-se ainda mais desafiador e assume um tom de urgência se, a tais fatores, somarmos: os conflitos bélicos no Leste Europeu e na Faixa de Gaza, e seus impactos nas cadeias de abastecimento de energia, fertilizantes e grãos básicos; a crise ambiental associada às mudanças nos padrões climáticos, da qual decorre ainda o aparecimento de novas pragas e doenças, com aumento dos riscos sistêmicos globais; o rápido processo de degradação dos solos agrícolas; e a diminuição da disponibilidade de água para consumo humano e usos agrícolas.

Uma crise global dessa magnitude requer premência na adoção de abordagens renovadas e de novos paradigmas de desenvolvimento; e, consequentemente, de uma nova geração de políticas públicas, programas e projetos inovadores.

A agricultura como motor de crescimento e desenvolvimento das Américas

Em sua concepção integral e ampliada, a agricultura é, sem dúvida, um dos mais eficientes catalisadores do desenvolvimento, tanto por sua importância na produção, na transformação, na comercialização e no consumo de alimentos saudáveis e nutritivos quanto por ser um motor de desenvolvimento dos territórios rurais e periurbanos, além de grande gerador de empregos e riqueza.

As Américas contribuem para a segurança alimentar e nutricional do mundo como uma das mais relevantes regiões exportadoras de alimentos e a maior provedora de serviços ecossistêmicos e reserva de biodiversidade.

A participação média do setor agrícola no PIB da América Latina e do Caribe é de 4,7%, e de 14% na criação total de empregos. Já a participação das Américas em seu conjunto nas exportações agroalimentares mundiais é superior a 27%, conforme se vê na Figura 9.2.

A concepção sistêmica da agricultura e a transformação dos sistemas agroalimentares

No Instituto Interamericano de Cooperação para a Agricultura (Iica) temos como ponto de partida o reconhecimento do duplo papel da agricultura, seja na segurança alimentar, seja como um agente eficiente para o desenvolvimento sustentável e a luta contra a pobreza.

Um duplo papel que exige considerar a agricultura, por um lado, como componente de um sistema agroalimentar que, por meio de cadeias agroprodutivas-comerciais, a vincula aos mercados nacional e internacional. E, por outro, conceituamos a agricultura, em um sentido mais amplo, como parte de um sistema rural que se articula com atividades de manejo de recursos naturais e da biodiversidade; e outras atividades não agrícolas que se desenvolvem em territórios rurais e urbanos, tais como o turismo, a gastronomia, o artesanato, entre muitas outras. Veja a Figura 9.3 a seguir.

Figura 9.2 – A agricultura: motor de crescimento das Américas. Fonte: Elaboração própria.

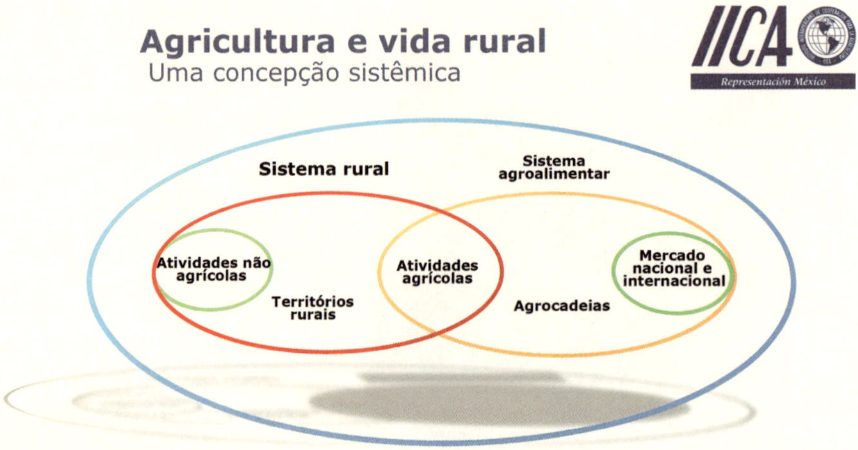

Figura 9.3 – A concepção sistêmica da agricultura.
Fonte: Montenegro Ernst, 2020.

Dito isso, os territórios rurais referem-se a uma construção social, econômica e institucional na qual interagem a cultura, a história, a identidade, os recursos naturais, as diferentes vocações produtivas, as relações sociais e as instituições. Parte-se da premissa de que os territórios são espaços de grandes oportunidades e de que os processos de construção de projetos e propostas de desenvolvimento neles derivam de amplos processos participativos e da busca de benefícios compartilhados entre seus habitantes. Os territórios rurais, em qualquer das suas expressões, devem constituir uma das principais unidades de formulação de políticas e gestão pública.

Sistemas agroalimentares

É desse reconhecimento do duplo papel que a agricultura desempenha na segurança alimentar e na articulação das cadeias de valor do setor agropecuário – com um sistema rural relacionado com a biodiversidade e outras atividades não agrícolas – que deriva o conceito de sistema alimentar, ou melhor, agroalimentar, que se refere a um sistema constituído de todos esses elementos que se relacionam com as atividades de produção, processamento, distribuição, preparo e consumo de alimentos, bem como os resultados dessas atividades em saúde, nutrição, crescimento econômico, equidade e sustentabilidade ambiental.

A amplitude e o alcance do conceito de sistemas agroalimentares, tal como sugerido pelo Iica e pela Organização Pan-Americana da Saúde (Opas), requerem abordagens cada vez mais abrangentes, multidisciplinares e multissetoriais. Se considerarmos a amplitude dessa definição no desafio da construção de políticas e bens públicos, precisamos entender que as abordagens devem envolver não apenas os ministérios e/ou as secretarias de agricultura e desenvolvimento rural, mas também os de meio ambiente, saúde, infraestrutura, participação cidadã e, claro, de finanças e investimento público.

Esse novo paradigma de desenvolvimento associado à necessidade de transformação dos sistemas agroalimentares e ao desenvolvimento do conceito de uma nova ruralidade deve basear-se na ideia de que, nas últimas décadas, os sistemas alimentares mundiais têm enfrentado com relativo sucesso a crescente demanda de alimentos e os gostos dinâmicos e cada vez mais sofisticados dos consumidores, cenário decorrente de um aumento geral do rendimento *per capita*. A transformação dos sistemas agroalimentares deve não só conseguir aumentar a produção e a variedade de alimentos, como deve ainda fazê-lo com os mais altos níveis de saúde e inocuidade, de diversidade e qualidade nutricional; e de sustentabilidade ambiental, econômica e social.

A diversidade de ecossistemas, histórias, tradições e costumes deve nos levar à conclusão de que esse novo ou renovado paradigma ou padrão[2] de desenvolvimento não pode estar baseado em um único modelo de implementação, devendo assentar-se em vários modelos adequados e ajustados às características de cada país, de cada sub-região e de cada território. Naturalmente, certificando-se de que ninguém seja deixado para trás.

Outra característica essencial da transformação desses sistemas agroalimentares é que ela deve partir da premissa de manter um comércio internacional aberto e transparente, regido por regulamentações multilaterais que garantam o respeito aos acordos, a equidade e a transparência, com redução das restrições tarifárias e não tarifárias.

É nesse contexto que é essencial que o multilateralismo – questionado globalmente, na atualidade – volte a desempenhar um papel visível e ativo na promoção da cooperação e do intercâmbio entre os países e suas populações. Garantir a equidade e a transparência, e aderir à aplicação de medidas tarifárias, sanitárias e fitossanitárias baseadas na ciência e na tecnologia devem ser novamente algumas de suas principais funções.

[2] O conceito de padrão de desenvolvimento *vis-à-vis* o de modelo de desenvolvimento tem diferentes concepções e escopos. Cf. Montenegro Ernst, 2011.

Uma nova fronteira da ciência e da tecnologia

Os esforços de transformação dos sistemas agroalimentares trazem consigo uma série de desafios e oportunidades relacionados à redução das lacunas no acesso à informação e à tecnologia ligadas aos diferentes sistemas de produção que coexistem no mundo.

Os surpreendentes progressos atuais em ciência e tecnologia representam grandes oportunidades para avançar em direção a uma agricultura em seu sentido mais amplo, mais produtiva, mais sustentável e equitativa. É a partir desses avanços que podem ser elevados os níveis de precisão e eficiência na utilização de insumos e de nossos recursos naturais. A agricultura de precisão, o uso de *drones* e sensores, a digitalização, as tecnologias de informação e comunicação, a inteligência artificial, a rastreabilidade e o *blockchain* devem ser instrumentos que contribuam para a transformação sustentável da agricultura globalmente, tomando todas as precauções e adotando as ações assertivas necessárias para evitar que as lacunas no acesso ao conhecimento aumentem. O grande desafio do século XXI é fazer com que essas novas tecnologias contribuam para que a agricultura de pequena escala e a agricultura familiar também se beneficiem, mediante esforços particulares voltados para a inclusão de jovens e mulheres que vivem nos territórios rurais e urbanos mais empobrecidos das Américas.

A bioeconomia e a economia circular promovem o uso eficiente de nossos recursos naturais, a redução e a reutilização dos desperdícios e resíduos da produção agroindustrial e agropecuária para a produção de bens relacionados a outros setores da economia. Nesse sentido, cabe mencionar que políticas públicas, investimento em pesquisa e desenvolvimento e na transferência de conhecimento estão gradualmente se tornando elementos-chave para a construção desses novos padrões de desenvolvimento e dos modelos que os administrarão no futuro.

Vivemos tempos de renovação e de inovação em que devemos nos perguntar se os modelos vigentes são congruentes com os padrões de desenvolvimento que o planeta requer hoje. A transformação gradual desses padrões implica entender a agricultura como um setor estratégico e parte da solução, não só como provedora de mais e melhores alimentos, mas também como motor de bases produtivas mais amplas e diversificadas, ancoradas no conhecimento, na agregação de valor e na necessária sobreposição disciplinar em relação a outros setores da economia. Nesse sentido, partimos da premissa de que um *modelo econômico* é apenas a forma pela qual um *padrão de desenvolvimento* é administrado. Este último representa o "quê", enquanto o modelo econômico é o "como".

A Figura 9.4 ilustra essas oportunidades para o desenvolvimento de uma nova fronteira do conhecimento: a tecnologia.

Figura 9.4 – As novas fronteiras da ciência e da tecnologia.
Fonte: Montenegro Ernst, 2020.

As principais mensagens das Américas

Após longas reuniões e jornadas de debate entre os principais tomadores de decisão relativas à situação atual e ao futuro da agricultura, os países das Américas chegaram à Cúpula de Sistemas Alimentares da Organização das Nações Unidas (ONU), com uma posição consensual, na qual definiram princípios e mensagens que propõem de forma coordenada e conjunta. Essa cúpula foi convocada pelo secretário-geral da ONU, António Guterres, com o objetivo de redirecionar o cumprimento dos objetivos de desenvolvimento sustentável com propostas que busquem criar condições de paz e prosperidade global.

Essa posição conjunta foi discutida em torno de 16 mensagens norteadoras em que houve concordância entre os países das Américas, a partir de um trabalho desenvolvido e coordenado pelo Iica. O instituto propôs como princípios gerais: que os produtores agropecuários devem estar adequadamente representados; que as decisões e políticas adotadas para promover a transformação dos sistemas agroalimentares devem estar baseadas na ciência; e que a agricultura, em seu sentido mais amplo, é parte da solução para os principais desafios que a humanidade enfrenta hoje.

Conclusões

As Américas são uma região privilegiada devido à sua imensa riqueza biológica. Mais de 50% da biodiversidade conhecida do mundo encontra-se na América Latina e no Caribe, assim como 23% da cobertura florestal mundial; 8 dos 15 países do mundo mais megadiversos estão nas Américas. Atualmente, apenas cerca de 20% a 30% dessa biodiversidade está mapeada e devidamente identificada, e grande parte dela é utilizada como matéria--prima com muito pouco valor agregado. Em contrapartida, existem altos níveis de ineficiência nas diferentes cadeias de valor, com muitas perdas nos processos agroindustriais. Além disso, uma grande porcentagem dessa biomassa é considerada desperdiçada ou perdida.

Portanto, para aproveitar os avanços em ciência, tecnologia e inovação, assim como promover a participação ativa de jovens e mulheres na transformação dos sistemas agroalimentares, a equipe do Iica vimos insistindo na necessidade de estabelecer um novo padrão ou paradigma de desenvolvimento, baseado na bioeconomia e na economia circular.

E é nesse contexto que propomos passar do discurso à ação. As agências e os organismos multilaterais, os centros acadêmicos e o setor privado ligados ao desenvolvimento econômico e agrícola devem desempenhar um papel ativo de assessoria e apoio aos governos nacionais, regionais e locais, e também aos agricultores no campo, assumindo o papel de facilitadores do conhecimento e das tecnologias aplicadas. Devem ainda atuar como pontes para a transferência de experiências bem-sucedidas e boas práticas, e como parceiros na formulação de políticas públicas e estratégias, programas e projetos que promovam a bioeconomia e a economia circular, a inovação, a agricultura digital e a inclusão dos principais atores econômicos dos diferentes tipos de agricultura que coexistem nas Américas.

Referências bibliográficas

CEPAL; FAO & IICA. *Perspectivas de la agricultura y del desarrollo rural de las Américas: una mirada hacia América Latina y el Caribe, 2019-2020.* San José, Iica, 2019.

___. 2021. Disponível em <www.agrirural.org>. Acesso em 4/4/2025.

IICA. *Plan de Mediano Plazo 2018-2022.* San José, Iica, 2018 (Serie Documentos Oficiales).

___. "Principales mensajes en camino hacia la Cumbre de la ONU sobre Sistemas Alimentarios, desde la perspectiva de la agricultura de las Américas". Cuadragésima Primera Reunión Ordinaria del Comité Ejecutivo. San José, 2021.

MONTENEGRO ERNST, J. D. "Sobre modelos económicos y patrones de desarrollo en América Latina". COMUN*IICA*, 2011. Disponível em <https://repositorio.iica.int/handle/11324/19836>. Acesso em 4/4/2025.

___. *Renewed public policies as an instrument for sustainable development of Latin America and the Caribbean: from the combined perspectives of fractured globalization and multilateralism.* Virtual *Campus*, Economics Program, Atlantic International University, 2020 (Tese de doutorado).

UNITED Nations Food Systems Summit 2021. "Food Systems: definition, concept and application for the UN Food Systems Summit". Rascunho de 26/10/2020 (Artigo do grupo científico).

10

A evolução da agricultura brasileira, aspectos econômicos, ambientais, tecnológicos e sociais

Luís Augusto Barbosa Cortez
Sergio Luiz Monteiro Salles Filho

Introdução

Antes de iniciar a discussão sobre agricultura, é importante dizer que o Brasil é um grande país tropical,[1] com a maior parte de seu território originalmente coberto por florestas tropicais do tipo *rain forest*, por vegetação de transição do tipo cerrado e, em menor grau, por regiões mais áridas, mas não desérticas.

Do ponto de vista humano, a vida no Brasil antes da colonização era composta de ameríndios do grupo tupi-guarani, que possivelmente ocupavam quase todo o país. Algumas fontes estimam que aproximadamente oito milhões de ameríndios viviam na região,[2] embora seja muito difícil comprovar essas estimativas.

Atualmente, existem 267 aldeias em território brasileiro, falantes de mais de 150 idiomas diferentes. De acordo com o censo do Instituto Brasileiro de Geografia e Estatística (IBGE) de 2010, a população indígena era composta

1 O quinto maior país. Cf. <https://www.statista.com/statistics/262955/largest-countries-in-the-world/>.

2 Cf. <https://jornal.usp.br/artigos/os-indigenas-ontem-e-hoje-sob-a-perspectiva-amerindia/#:~:text=Somos%2C%20hoje%2C%20pouco%20menos%20de,por%20grande%20parte%20da%20popula%C3%A7%C3%A3o>.

de 896.917 pessoas. Destas, 324.834 viviam em cidades e 572.083 em áreas rurais, o que corresponde a cerca de 0,47% da população total do país.

Desde a chegada do colonizador europeu, a ocupação ocorreu sobretudo a partir da costa atlântica, estendendo-se do nordeste ao sul do país. Nos últimos cem anos, a ocupação – seja por iniciativas privadas, seja por políticas governamentais – espalhou-se para o interior, principalmente no centro-oeste do Brasil, abrindo espaços para atividades agrícolas. Pode-se dizer que cerca de metade do país ainda é ocupada pela floresta amazônica.

Em muitos aspectos, a agricultura brasileira passou por uma evolução impressionante nas últimas décadas. Na década de 1960, o Brasil era claramente um importador de vários produtos agrícolas e um exportador de bem poucos produtos. Como importador, destaca-se a dependência histórica do trigo, mas também dos laticínios. Nessa década, o Brasil recebeu ajuda do programa USaid (Alliance for Progress)[3] para combater a desnutrição. Como exportador, os produtos de destaque então eram o café e, em menor escala, o açúcar.

A criação de institutos de pesquisa em agricultura

Dom Pedro II, imperador do Brasil, estava convencido de que parte da prosperidade econômica dos Estados Unidos se devia ao desenvolvimento da ciência na agricultura. Isso lhe pareceu evidente após sua visita aos Estados Unidos para o primeiro centenário da independência americana, em 1876.

Por iniciativa de Dom Pedro II, em 1887 foi criado o Instituto Agronômico de Campinas (IAC).[4] Nas primeiras décadas, o IAC dedicou-se sobretudo à pesquisa agronômica do café, da cana-de-açúcar e, posteriormente, do algodão. O café era, naquela época, a principal cultura agrícola do Brasil e também a que permitia os maiores ganhos com divisas estrangeiras, as quais viriam a compor o capital necessário para a futura industrialização do país, na década de 1930. Assim, gradualmente, a cana-de-açúcar foi se tornando

[3] Cf. <https://www.jfklibrary.org/learn/about-jfk/jfk-in-history/alliance-for-progress#:~:text=Kennedy%20proposed%2C%20through%20the%20Agency,for%20greater%20numbers%20of%20their>.

[4] Cf. <https://www.iac.sp.gov.br/areadoinstituto/instituto/#:~:text=O%20Instituto%20Agron%C3%B4mico%20(IAC)%2C%20de%20Campinas%20%C3%A9%20instituto%20de,em%201887%20pelo%20Imperador%20D>.

uma "cultura paulista", mas o desenvolvimento na produção de equipamentos industriais e uma alteração na legislação das usinas açucareiras concorreram para uma mudança de protagonismo nesse setor em todo o estado de São Paulo. Com o algodão, iniciou-se a industrialização do país propriamente dita, nos setores têxtil e alimentício.

Com a crise de 1929, o café perdeu importância, embora continuasse sendo o principal produto de exportação do país. A Segunda Guerra Mundial criou uma oportunidade de industrialização baseada em bens de capital, que perduraria por algumas décadas no Brasil. No entanto, a economia brasileira chega aos anos 1970 ainda com 85% de suas exportações baseadas em produtos primários. Foi apenas no final dessa década que o país começou a exportar produtos industrializados. Havia uma evidente necessidade de diversificar e modernizar a indústria e a agricultura, considerando a forte urbanização em curso.

O caso da soja talvez seja o mais emblemático. Ela estava apenas iniciando sua incrível trajetória no Brasil, mas havia uma óbvia falta de conhecimento científico para adaptar essa cultura aos biomas das regiões Sul e Centro-Oeste. Quando o cultivo de soja começou, havia restrições de latitudes mais baixas, subtropicais. Essa falta de conhecimento científico afetou não somente a soja, como também várias outras culturas de difícil adaptação à agricultura tropical para produção de alimentos, fibras e energia.

Nesse contexto, o Ministério da Agricultura criou um grupo de trabalho para discutir uma maior sistematização da pesquisa agrícola, considerando diferentes atividades agropecuárias e biomas existentes no país. Em 7 de dezembro de 1972, o então presidente da República sancionou a lei n. 5.851, que autorizava a criação da Empresa Brasileira de Pesquisa Agropecuária (Embrapa), vinculada ao Ministério da Agricultura.[5] Logo depois, foram instaurados os primeiros centros de pesquisa agropecuária: trigo (em Passo Fundo, RS), arroz e feijão (em Goiânia, GO), bovinos de corte (em Campo Grande, MS) e seringueira (em Manaus, AM).

Possivelmente, a criação da Embrapa estimulou o crescimento de outros setores agrícolas, resultando, ao longo das décadas seguintes, no aumento da produtividade agrícola e na produção de novas sementes de várias culturas, além de permitir a adaptação da pecuária de corte em praticamente todas as

5 Cf. <https://www.embrapa.br/memoria-embrapa/a-embrapa#:~:text=Em%207%20de%20dezembro%20de,vinculada%20ao%20Minist%C3%A9rio%20da%20Agricultura>.

importantes regiões produtoras do Brasil. Isso definitivamente contribuiu para a interiorização e uma melhor distribuição econômica no país.

Houve também iniciativas de pesquisa bem-sucedidas na agricultura, como, por exemplo, o Centro de Tecnologia Canavieira (CTC), localizado na cidade de Piracicaba (SP). O CTC, com seus programas de melhoramento genético e suas tecnologias de mecanização, possibilitou um importante complemento ao desenvolvimento da cana-de-açúcar. Assim, pode-se dizer que a criação de centros de pesquisa governamentais e privados foi um dos fatores da trajetória de sucesso da agricultura no Brasil.

Agricultura familiar

Atualmente, a agricultura no Brasil pode ser, *grosso modo*, dividida em duas partes: uma de menor escala, conhecida como "familiar", e outra de maior escala, geralmente designada como "industrial". Na verdade, dentro de cada grande categoria existe uma considerável diversidade de perfis de produtores.

Segundo o Censo Agropecuário de 2017, a agricultura familiar representava cerca de 77% de todos os estabelecimentos agropecuários, ocupando 33% da área agrícola do país, medida em hectares, e respondendo por 28% do valor da produção agropecuária brasileira. Existe, portanto, um forte desequilíbrio em termos de tipo de exploração agropecuária, ocupação de terras e produção.

A distribuição regional da agricultura familiar revela uma heterogeneidade geográfica bastante importante, tornando o país palco de múltiplas realidades produtivas. Como se vê na Tabela 10.1, ela está mais concentrada nas regiões Norte e Sul do país, enquanto na Centro-Oeste, região de expansão acelerada do agronegócio, tem a menor representação: apenas 10% do valor da produção agropecuária nessa região vem da agricultura familiar, contra 45% no Sul do país.

São paisagens e horizontes completamente diferentes, não só pela diversidade de biomas e topografias, solos e clima, mas sobretudo pela forma de ocupação, posse e uso da terra.

A heterogeneidade não é apenas espacial; há diferentes perfis de produtores na chamada "agricultura familiar". As Tabelas 10.2 e 10.3 permitem visualizar a heterogeneidade entre agricultores familiares no Brasil.

Tabela 10.1 – Participação da agricultura familiar no valor da produção regional no Brasil (1996, 2006 e 2017) (em %).

Região	1996	2006	2017
Norte	58,26	60,18	44,63
Nordeste	42,98	47,38	33,28
Sudeste	24,43	22,28	21,96
Sul	57,13	54,43	45,95
Centro-Oeste	16,31	14,53	10,71

Fonte dos dados: IBGE, censos agropecuários. Fonte da tabela: Buainain; Di Sabbato & Guanziroli, 2020.

A Tabela 10.2 mostra as diferenças médias de produtividade por hectare medidas em valor (reais). A coluna "Familiar" apresenta uma ampla gama de valores gerados por hectare, revelando, por exemplo, que na região Sul a renda dos agricultores familiares por área cultivada é a maior do país, mesmo em comparação com os agricultores não familiares. Por outro lado, na região Nordeste, a renda por área cultivada dos familiares é metade da de não familiares. Somente por esse indicador já é possível verificar que não há uma agricultura familiar no país, mas muitas.

Tabela 10.2 – Comparação da produtividade por hectare entre agricultura familiar e não familiar (Brasil e regiões) (em R$).

Região	Valor produzido	
	Não familiar	Familiar
Norte	481,54	508,66
Nordeste	1.037,71	512,34
Sudeste	2.568,97	1.507,73
Sul	2.688,51	3.302,35
Centro-Oeste	1.221,22	834,96
Brasil	1.456,39	1.138,51

Fonte: Buainain; Di Sabbato & Guanziroli, 2020.

Na Tabela 10.3, os autores classificaram os produtores familiares por perfil de renda anual nos três últimos censos agropecuários. Como se pode observar, apenas os produtores do grupo de rendimento "A" atingiram rendimentos líquidos anuais aceitáveis; os demais estavam em situação de remuneração baixa ou muito baixa na atividade agrícola.

Tabela 10.3 – Receita monetária líquida (1996, 2006 e 2017) (em R$).

Grupo	1996	2006	2017
A	30.333	53.236	68.148
B	5.537	3.725	- 6.222
C	1.870	1.499	- 5.417
D	- 495	255	- 6.698
Empregador	---	70.903	173.860

Nota: Valores em reais de 2017 atualizados com base no IGP-DI.
Fonte: Buainain; Di Sabbato & Guanziroli, 2020.

Além de fatores como renda e localização, parte da heterogeneidade da agricultura familiar se deve à própria legislação brasileira, que define agricultor familiar como aquele que atende aos seguintes requisitos:

> I - não detenha, a qualquer título, área maior do que 4 (quatro) módulos fiscais;
> II - utilize predominantemente mão de obra da própria família nas atividades econômicas do seu estabelecimento ou empreendimento;
> III - tenha percentual mínimo da renda familiar originada de atividades econômicas do seu estabelecimento ou empreendimento, na forma definida pelo Poder Executivo (redação dada pela lei n. 12.512, de 2011);
> IV - dirija seu estabelecimento ou empreendimento com sua família.[6]

Vale ainda acrescentar que a Comissão de Agricultura, Pecuária, Abastecimento e Desenvolvimento Rural da Câmara dos Deputados aprovou o projeto de lei n. 1.587/11, que amplia de quatro para seis módulos fiscais o limite de área para fins de classificação como agricultor familiar (16/12/2024).

Esse regulamento, apesar de amplo, ou justamente por isso, traz a diversidade em seu bojo. Por exemplo, um módulo fiscal é uma medida do tamanho da propriedade que varia de acordo com o município onde está. Dependendo de sua localização no país, um módulo fiscal pode variar de 5 até 110 hectares de terra. Mas também são fatores de heterogeneidade: o

[6] Brasil, 2006, p. 1.

nível de escolaridade dos produtores; o nível de adoção de tecnologias; o acesso à informação; entre outros.

No entanto, existem duas variáveis que parecem estar fortemente relacionadas com o desempenho dos produtores familiares: o tamanho da propriedade e o grau de especialização da produção. Os proprietários familiares das maiores extensões de terra e aqueles com produção mais especializada são os que alcançam melhores indicadores de produtividade e renda. Se somarmos a isso o indicador de maior escolaridade e o de associação às cooperativas, temos o perfil dos produtores familiares com melhor situação socioeconômica.

Algumas culturas são típicas da agricultura familiar, como as hortaliças, mas há um grande conjunto de produtores familiares que trabalham com *commodities*, como soja, arroz e trigo, como se observa na Tabela 10.4. Vale ressaltar que a participação desses produtores em *commodities* é muito específica. Por exemplo, nos casos do arroz, da soja e do tabaco, eles são majoritariamente do Rio Grande do Sul, onde grande parte da produção agrícola é familiar e com tipos de organização muito particulares, seja por meio de cooperativas (no caso da soja e do trigo), seja por meio da semi--integração com grandes empresas de processamento agroindustrial (como no caso do tabaco).

TABELA 10.4 – PARTICIPAÇÃO DA AGRICULTURA FAMILIAR NO VALOR DOS PRODUTOS DAS CULTURAS TEMPORÁRIAS – BRASIL (1996, 2006 E 2017) (EM %).

Produto	**1996**	**2006**	**2017**
Arroz	30,87	39,19	19,03
Cana-de-açúcar	9,55	10,24	4,99
Cebola	72,37	69,59	56,46
Feijão	67,23	76,57	58,46
Tabaco	97,18	95,67	97,31
Mandioca	83,88	93,17	86,40
Milho	48,57	51,90	24,31
Soja	31,62	23,60	17,30
Trigo	46,04	36,38	33,64

Fonte: Buainain; Di Sabbato & Guanziroli, 2020.

Do ponto de vista tecnológico, a agricultura familiar brasileira tem apresentado avanços significativos nas últimas décadas, motivados pela maior renda *per capita* nos grandes centros urbanos como São Paulo, Rio de Janeiro e Brasília, por exemplo. Esses avanços têm permitido o surgimento da produção em ambientes protegidos, com uso reduzido ou mesmo sem agrotóxicos, e também o cultivo de produtos orgânicos. Não é possível comparar a produção em estufa no Brasil com a da Espanha ou a do México, por exemplo, mas pode-se dizer que a trajetória tecnológica da agricultura familiar no país está caminhando em direção a melhores indicadores socioeconômicos, embora as diferenças regionais ainda sejam muito grandes.

Outros produtos típicos da agricultura familiar brasileira são o feijão e a mandioca. A produção de leite e derivados também está mais concentrada na pequena ou média propriedade, embora já seja possível identificar casos de maior escala nesses produtos.

A agricultura familiar ou de pequena escala tem muitas dificuldades para participar do comércio exterior, seja porque o Brasil está geograficamente distante dos mercados consumidores de maior renda do mundo, seja por causa do idioma ou simplesmente do conhecimento do mercado. O fato é que, mesmo dentro do próprio território, ainda há muito a ser feito para ampliar sua inserção em cadeias de valor cuja renda pode ser cada vez mais apropriada pelos produtores familiares.

Por exemplo, o esforço para criar e valorizar as Indicações Geográficas (IG) começou de forma mais concertada há pouco mais de dez anos. No início de 2024, o Brasil tinha 122 IGs,[7] enquanto a Itália e a França tinham, respectivamente, cerca de 850 e 730 IGs. A criação e a apropriação local de valor são os grandes desafios da agricultura familiar no país.

Outro setor intermediário no Brasil é o setor de frutas, com produção de maçãs em Santa Catarina, laranjas – principalmente para suco – em São Paulo, e frutas diversas como manga na região Nordeste. Em 2023, o país conseguiu exportar mais de US$ 1,2 bilhão, com um aumento de mais de 26% em relação ao ano anterior. Além disso, o volume exportado cresceu 6%, atingindo 1,06 milhão de toneladas. Apesar de ser um dos mais importantes produtores de frutas do mundo, o Brasil ainda exporta relativamente muito menos do que poderia.[8]

[7] A primeira IG foi criada em 1993, para o vinho da Serra Gaúcha.

[8] Cf. <https://www.statista.com/statistics/279164/global-top-producers-of-selected-fresh-fruit-worldwide/?gclid=CjwKCAiA5L2tBhBTEiwAdSxJX9tJlInDR8BBubKTGGpflS__uDj19hGpihX_3KhhzgC19J0WSyx8RoCzHUQAvD_BwE>.

O agronegócio no Brasil

A chamada agricultura industrial – mais conhecida como agronegócio – surgiu muito cedo no Brasil. Os colonizadores portugueses usavam a cana-de-açúcar produzida em *plantations*. A cana trazida do sul asiático foi desde o início cultivada em grandes áreas de terra. Essa cana era então processada em usinas de açúcar e vendida na Europa para ajudar a financiar os negócios dos colonizadores.

Mais tarde, em meados do século XIX, o café começou a se tornar o principal motor da economia brasileira, já como uma cultura voltada para o mercado externo. O sucesso do café no Brasil foi responsável pelo surgimento da indústria na primeira metade do século XX, bem como do capital financeiro. Regiões como Minas Gerais e São Paulo têm se beneficiado muito com o café, tanto econômica quanto politicamente.

Geograficamente, o Sul do país, sobretudo o estado do Rio Grande do Sul, vem se consolidando como o mais importante na produção de grãos e carne bovina. Isso se deve a seu clima mais temperado, mas também por ter recebido mais imigrantes italianos e alemães, com uma cultura mais identificada com a pequena ou média escala de produção. Essa região firmou-se como berço do cooperativismo rural no Brasil.

Mas foram esses mesmos gaúchos, já devidamente aclimatados aos trópicos, que iniciaram uma marcha rumo à região Centro-Oeste na década de 1970, desenvolvendo a agricultura em larga escala em estados como Mato Grosso, Mato Grosso do Sul, Rondônia e Goiás (este último posteriormente dividido para formar o estado do Tocantins). Foram esses gaúchos que ajudaram a expandir a agricultura industrial no país, principalmente levando soja e milho para novas regiões. Entre as dificuldades mais importantes estava a falta de infraestrutura adequada e de estradas. Esses pioneiros ajudaram a mudar a geografia da agricultura no Brasil, tornando-se os atores da impressionante evolução do setor em direção às regiões Centro-Oeste e Norte do país, que se acelerou extraordinariamente na década de 1990 e segue até os dias atuais.

O notável crescimento da soja e do milho no Cerrado tem permitido um aumento substancial nas exportações de grãos, sobretudo para a China. De certa forma, pode-se dizer que a soja e o milho já representam o equivalente ao que o café representava no início dos anos 1970 para o comércio exterior do Brasil.[9] Na figura 10.1, é possível ver a evolução da fronteira agrícola, especialmente no Cerrado, região Centro-Oeste, a partir da década de 1970.

Figura 10.1 – Expansão da fronteira agrícola no Brasil entre as décadas de 1970 e 2000.
Fonte: Fishlow & Vieira Filho, 2020.

O avanço da fronteira agrícola sobre os biomas Cerrado e amazônico tem sido impressionante, principalmente a partir de meados da década de 1990. A Figura 10.2 mostra o avanço da ocupação antrópica nesses biomas.

Já a Figura 10.3 mostra a evolução do tipo de ocupação. Nota-se que houve um avanço importante na Amazônia e no Cerrado, inclusive na região do Pantanal, entre 1985 e 2022. As pastagens, em amarelo, representam a maior parte dessa expansão da fronteira; em rosa, o avanço da agricultura.

[9] Cf. <https://oglobo.globo.com/economia/brazil-china-meeting/noticia/2024/01/23/china-tem-participacao-recorde-em-exportacao-do-agronegocio-brasileiro.ghtml>.

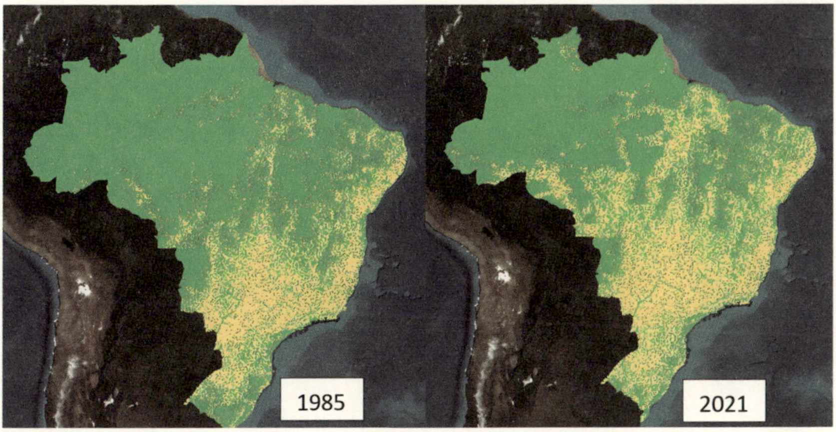

Figura 10.2 – Avanço da fronteira com ocupação antrópica no território brasileiro; [verde] cobertura natural; [amarelo] ocupação humana.
Fonte: Elaborada pelos autores com base em mapas do Mapbiomas em abril de 2024.

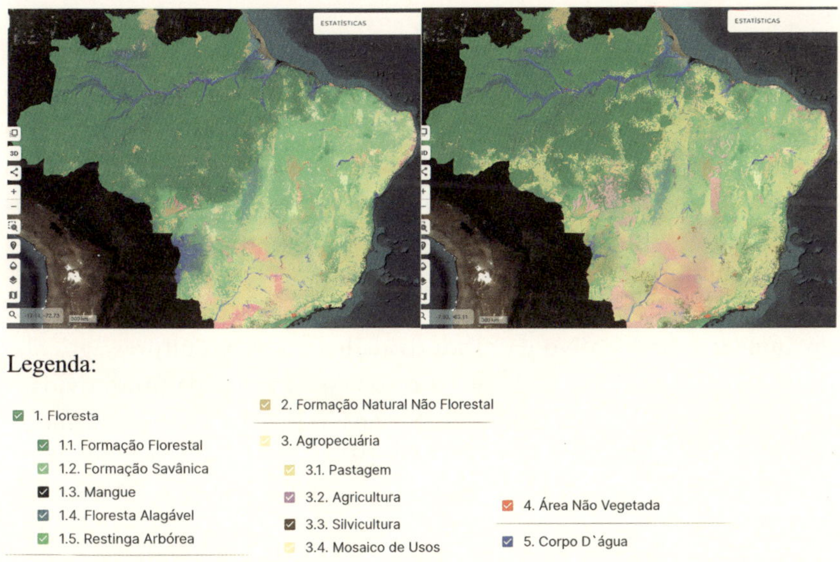

Figura 10.3 – Avanço da fronteira por tipo de atividade e cobertura.
Fonte: Elaborada pelos autores com base em mapas do Mapbiomas em abril de 2024.

Como já referido, o crescimento mais emblemático do agronegócio foi o da cultura da soja. Desconhecida no Brasil até a década de 1960, a soja começou a ser cultivada nos anos 1970 no sul do país. Até então, essa leguminosa não florescia em latitudes inferiores a 28, sendo uma planta típica de clima subtropical.

Com o intenso trabalho de melhoramento das instituições de pesquisa no Brasil, particularmente da Embrapa, do Instituto Agronômico do Paraná (Iapar) e do IAC, a cultura ganhou espaço geográfico e hoje é cultivada até a latitude zero, como se pode ver na Figura 10.4.

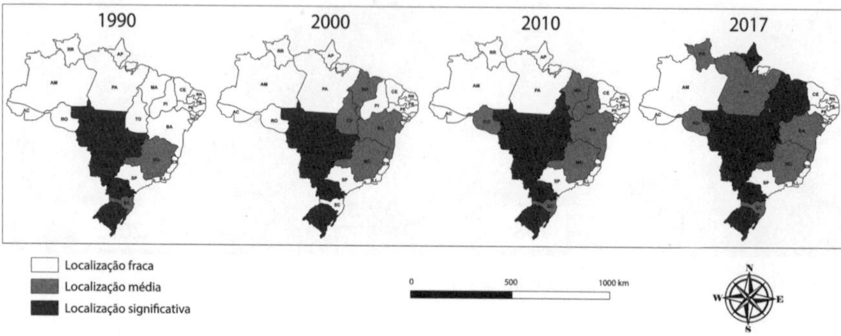

Figura 10.4 – Níveis de QL[10] para a cultura da soja no Brasil.
Fonte: Oliveira & Gasques, 2019.

O milho segue o mesmo caminho da soja, embora seja produzido principalmente em duas culturas, safra e safrinha, no Brasil. Na safrinha, o milho é plantado logo depois da colheita da soja, como segunda safra, otimizando o uso da terra com duas safras. Dessa forma, o milho vem se consolidando, principalmente nas últimas duas décadas, como a segunda cultura mais importante do país.

Apesar do avanço da fronteira agrícola em tempos recentes, observa-se um aumento significativo da produtividade tanto nas culturas agrícolas quanto na pecuária. No Gráfico 10.1 vê-se o aumento da produtividade total para vários países entre 2000 e 2019, e no Gráfico 10.2 vê-se o crescimento do produto agrícola e dos insumos entre 1975 e 2020 no Brasil.

O Brasil é um dos países com maior crescimento da produtividade agrícola, como se vê no Gráfico 10.1, que mostra a evolução comparativa da Produtividade Total dos Fatores (PTF) em 15 países. Estudos mostram que o ganho de PTF se deve particularmente à incorporação do conhecimento oriundo da pesquisa agrícola. São avanços tecnológicos sendo incorporados em áreas muito grandes de produção. O Gráfico 10.2 apresenta as fontes de crescimento da PTF.

10 O Quociente de Localização (QL) compara a participação percentual de um produto em uma região com sua participação percentual no total da produção nacional.

Gráfico 10.1 – Evolução comparativa da PTF em 15 países, entre 2000 e 2019 (em %).

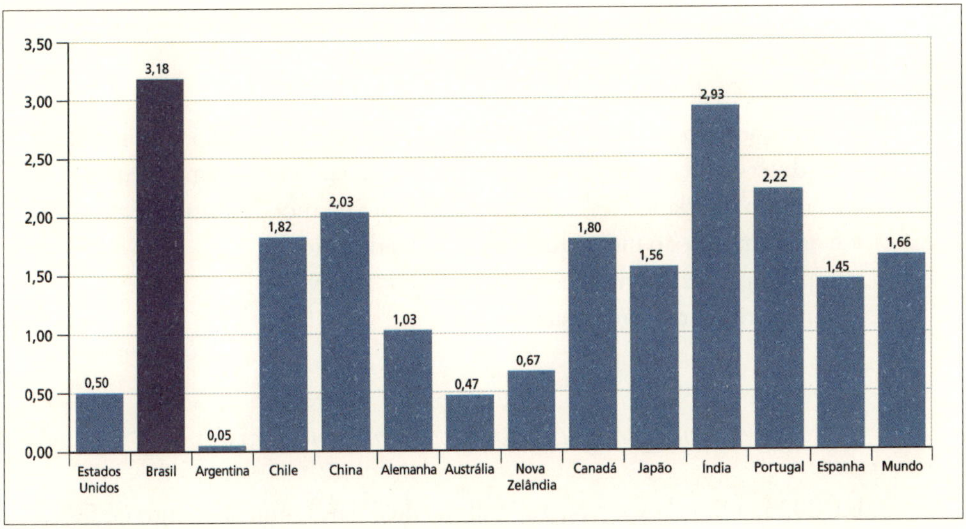

Fonte: Gasques *et al.*, 2022.

Gráfico 10.2 – Crescimento do produto agrícola, da PTF e do uso de insumos entre 1975 e 2020 no Brasil.

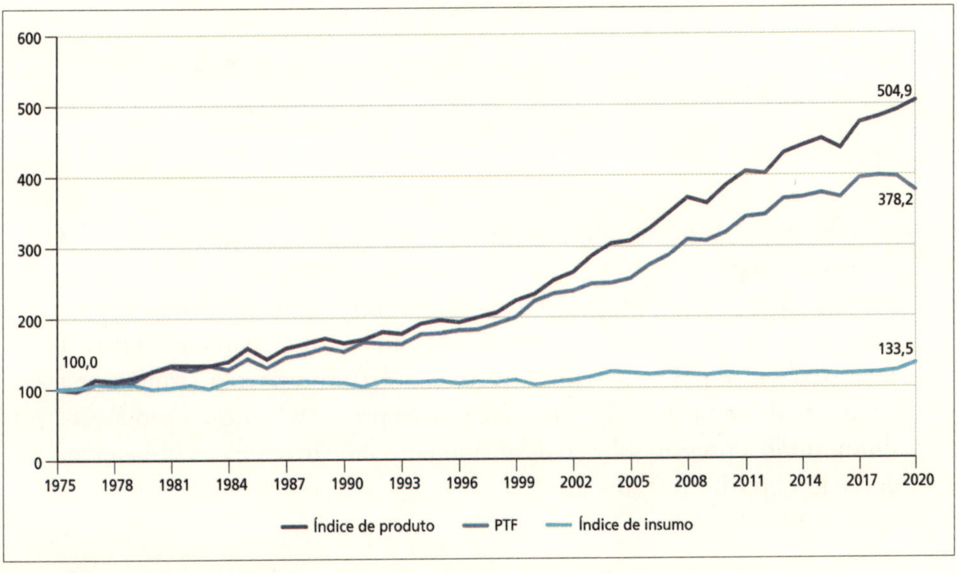

Fonte: Gasques *et al.*, 2022.

Entre as razões para o aumento da produtividade, vale citar:

- a criação da Embrapa em 1972 e as contribuições de vários outros institutos de pesquisa agrícola do país;
- a ocupação do Centro-Oeste e do Cerrado;
- a redução da política de subsídios agrícolas a partir de 1985, o aumento e a diversificação de outras formas de financiamento da agricultura;
- a criação do Plano Real com a estabilização da moeda em 1994;
- o crescimento do mercado internacional de grãos;
- as políticas de incentivo aos combustíveis renováveis;
- os investimentos em infraestrutura.

A evolução atual da agricultura no Brasil

Em 2023, o Brasil exportou 167 bilhões de dólares – um aumento de 5% em relação ao exportado em 2022. Já as importações do setor agropecuário brasileiro alcançaram 39,5 bilhões de dólares, sobretudo em insumos agrícolas, como fertilizantes. Na Tabela 10.5 encontram-se os principais produtos agrícolas exportados pelo Brasil, bem como sua posição no comércio internacional.

Outros setores do agronegócio de grande escala têm demonstrado vigorosa capacidade de crescimento no comércio exterior, como veremos a seguir.

Frango, porcos e gado

Em termos de produção de proteína animal, o Brasil tem feito grandes progressos. Atualmente é o principal exportador de carne bovina e de frango, mas também é um grande exportador de carne suína. Esse progresso foi possível graças à produção de soja e milho. Ainda assim, há muito a melhorar no que diz respeito à utilização da terra, particularmente na produção de carne bovina. Há muito espaço para intensificar a produção, diminuindo a pressão sobre o desmatamento na Amazônia e também em áreas de Cerrado.

Tabela 10.5 – Os principais produtos agropecuários exportados pelo Brasil, e a posição do país no comércio internacional, em 2023.

Produto	Valor exportado (em bilhões de dólares americanos)	Posição no comércio internacional	
		Como produtor	Como exportador
Complexo Soja*	67,3	1º	1º
Soja – grãos	53,2	1º	1º
Carnes (bovina, suína e frango)	22,0	3º	1º
Açúcar	16,0	1º	1º
Milho	13,6	3º	1º
Celulose	7,9	3º	1º
Café	7,8	1º	1º
Madeira	3,4	1º	1º
Algodão	3,2	4º	2º
Tabaco	2,7	3º	1º
Suco de laranja	2,4	1º	1º

* grãos, torta e óleo de soja
Fonte: Dados do Comex Stat, Brasil, em Zafalon, 2024a e Shahbandeh, 2025.[11]

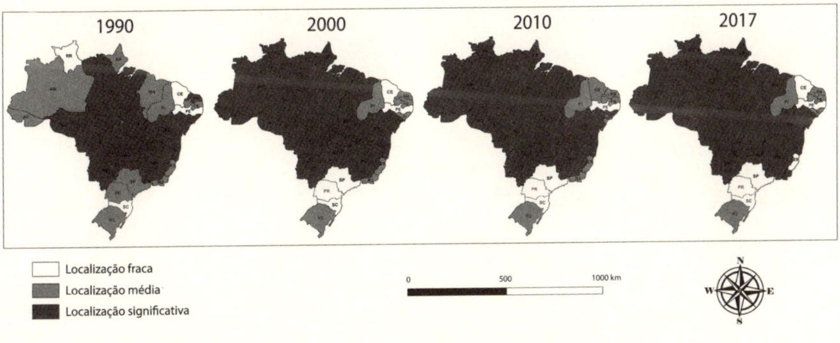

Figura 10.5 – Níveis de QL para bovinos de corte no Brasil.
Fonte: Oliveira & Gasques, 2019.

11 <https://www.statista.com/statistics/263926/soybean-production-in-selected-countries-since-1980/?gclid=Cj0KCQiAqsitBhDlARIsAGMR1Rhzyxk4dxVDhAjKKMAgkRPlKlcGmINIJAG176K6Lj5ljm-j1zC8XTMaAhqUEALw_wcB>.

Suco de laranja

Embora o Brasil não seja um grande exportador de frutas, a produção de suco de laranja é substancial no país. Seu maior parque industrial está situado no interior do estado de São Paulo, sendo responsável por cerca de 80% da produção nacional. A cultura da laranja já ocupou mais de 900 mil hectares no país, mas atualmente ocupa cerca de 650 mil hectares.[12] Há duas razões principais para essa diminuição: em primeiro lugar, houve uma redução mundial no consumo de suco de laranja; em segundo, o *greening*,[13] uma fitopatologia que diminui a produção e a sobrevivência dos laranjais.

Eucalipto

No campo da produção de celulose a partir de florestas plantadas, o eucalipto alcançou progressos extraordinários no Brasil. Introduzido na década de 1940, o eucalipto australiano adaptou-se muito bem em diferentes latitudes do território. É plantado desde a Amazônia até os estados do Sul do país, cobrindo uma área de aproximadamente dez milhões de hectares. É importante dizer que o plantio de eucaliptos possibilitou reduzir significativamente o desmatamento para a indústria do carvão e também possibilitou o surgimento da indústria de papel e celulose. Essas contribuições permitiram que o país fosse um dos maiores produtores de aço, ferro (um produto precursor do aço), papel e celulose.

Etanol e açúcar

A cana-de-açúcar permite a produção de três produtos no país: açúcar, etanol e bioeletricidade. O Brasil é o principal produtor e exportador de açúcar, respondendo por quase um terço do mercado, e é o segundo maior produtor de etanol, depois dos Estados Unidos. O etanol permite que o Brasil

12 Cf. <https://www.researchgate.net/publication/346630485_Evolucao_da_Producao_de_Laranja_Citrus_sinensis_Rutaceae>.

13 Uma doença causada pelas bactérias *Candidatus Liberibacter* spp., *Candidatus Liberibacter africanus*, *Candidatus Liberibacter asiaticus* e *Candidatus Liberibacter americanus*, que afetam os cítricos, deixando suas folhas amarelas e manchadas.

substitua cerca de 40% da gasolina, sendo o único país a fazer misturas com gasolina (hoje, E27,5%), e também oferecer E100 nos postos de combustíveis.

Atualmente, esse modelo de coprodução etanol-açúcar enfrenta dificuldades de expansão, pois o mercado do açúcar é menos elástico que o do etanol. Logo, devemos buscar um modelo alternativo, complementar à cana-de-açúcar. Nesse sentido, o etanol de milho é uma boa opção; ou seja, de alguma forma adotar parcialmente o modelo norte-americano de produção de etanol de milho integrado à produção animal, principalmente de gado de corte. De acordo com esse modelo, a torta de milho coproduzida com etanol é utilizada como ração animal, permitindo intensificar a produção e economizar terras. O Brasil possui cerca de 200 milhões de hectares, quase 20% de seu território ocupado com pastagens de baixa densidade animal. Atualmente, apenas cerca de 15% do gado de corte é produzido em confinamento. Portanto, a produção tem a elasticidade necessária, permitindo expandir a produção de etanol ao mesmo tempo que intensifica a produção de carne, liberando terras.

Os desafios e as oportunidades da agricultura no país

Na agricultura brasileira, a agricultura familiar (de pequena escala) ou a chamada agricultura industrial (de grande escala) têm ambas importantes desafios e oportunidades neste século XXI.

Sustentabilidade e segurança alimentar

A sustentabilidade, como um todo, é possivelmente o maior desafio, incluindo nesse tema os aspectos de segurança alimentar. Como é sabido, o problema do aquecimento global e as alterações climáticas impõem novas estratégias de adaptação. Devemos buscar permanentemente a redução da dependência não apenas de combustíveis fósseis, mas também de produtos químicos e fitossanitários considerados tóxicos.

A questão da segurança alimentar também tem vários matizes, tanto interna quanto internacionalmente. É evidente que não é aceitável que o país tenha protagonismo agrícola internacional e, ao mesmo tempo, não dê atenção suficiente ao setor internamente. O Brasil vem se consolidando cada vez mais como um grande exportador de alimentos, mas justamente por isso deve assumir responsabilidades, a fim de evitar possíveis paradoxos nessa delicada questão.

Infraestrutura e capacitação

A falta de infraestrutura e a carência de adequada capacitação são, de fato, dois grandes obstáculos para o aumento do volume de negócios da agricultura brasileira. Ambos os fatores deveriam merecer mais atenção tanto da iniciativa privada quanto do governo. Para dar um exemplo, podemos citar a falta de estradas, ferrovias e de infraestrutura para armazenamento de grãos secos ou produtos refrigerados ou congelados. O investimento financeiro do país ainda não é proporcional ao que seria necessário para oferecer produtos de baixo custo, seja no âmbito nacional, seja no internacional.

O aumento do valor agregado e da bioeconomia

Outro ponto importante é buscar agregar mais valor aos produtos agrícolas que são comercializados no país ou no exterior. O Brasil tem muito trabalho pela frente, não só nos produtos comercializados atualmente, mas também em um amplo espectro de produtos tropicais, muitos desconhecidos em todo o mundo.

Para exemplificar, vale lembrar a questão da preservação da floresta amazônica. Na Amazônia brasileira, em cerca de metade do território, vivem 35 milhões de pessoas, aproximadamente. Para evitar o desmatamento, é fundamental valorizar os produtos da floresta e seus rios. Mesmo o sul mais desenvolvido do país desconhece esses produtos e seu potencial; e até a Embrapa ainda não conseguiu valorizar esses produtos e criar uma bioeconomia econômica e socialmente sustentável.

Conquistando novos mercados

Definitivamente, agregar valor a novos produtos – a bioeconomia – pressupõe a conquista ou a criação de novos mercados, principalmente internacionais. Trata-se de um grande desafio para o país, que tem tido uma atuação muito tímida do ponto de vista mercadológico. Mesmo com produtos como o café, por exemplo, tradicional e conhecido internacionalmente, o

Brasil não conseguiu criar empresas e uma imagem compatível com seu tamanho e potencial econômico.

Conclusão

A agricultura brasileira, seja familiar ou industrial, é o setor mais pujante de nossa economia. O conjunto dos produtos primários (incluindo os de origem mineral e petróleo) responde por mais de 50% das exportações do país. Só os produtos do agronegócio já representam mais de 30% do total exportado em 2023. Em certo sentido, pode-se dizer que, nas últimas décadas, o agronegócio brasileiro tem avançado cada vez mais, ocupando as primeiras posições no mercado internacional, especialmente em *commodities*.

Se, por um lado, isso é significativo, por outro, ainda há muito a crescer – em volume, valor e sustentabilidade. Mas, para realizar esse enorme potencial, o Brasil precisa superar os desafios existentes, conforme discutido anteriormente neste capítulo. Entre os pontos não mencionados que podem ser considerados essenciais está uma maior e melhor capacitação das pessoas envolvidas em todas as cadeias produtivas do agronegócio no país, seja na agricultura familiar, seja na industrial.

O Brasil alcançou grandes avanços em produtividade e competitividade, mas há muito a ser feito para a proteção dos recursos naturais.

Referências bibliográficas

AZEVEDO, G. "Brasil quebra recorde nas exportações de frutas em 2023". *CNN Brasil*, 22/1/2024. Disponível em <https://www.canalrural.com.br/agricultura/brasil-quebra-recorde-nas-exportacoes-de-frutas-em-2023/>. Acesso em 27/3/2025.

BRASIL. Lei nº 11.326, de 24 de julho de 2006. *Diário Oficial da União*, 25/7/2006.

BUAINAIN, A. M.; DI SABBATO, A. & GUANZIROLI, C. E. "Evolução da Agricultura Familiar no Brasil (1996-2017)". *In*: GASQUES, J. G. & VIEIRA FILHO, J. E. R. (org.). *Uma jornada pelos contrastes do Brasil: cem anos do Censo Agropecuário*. Brasília, Ipea, 2020.

FISHLOW, A. & VIEIRA FILHO, J. E. R. *Agriculture and industry in Brazil: innovation and competitiveness*. New York, Columbia Press, 2020.

GASQUES, J. G. *et al*. "Produtividade Total dos Fatores na agricultura – Brasil e países selecionados". *Texto para discussão*. Brasília/Rio de Janeiro, Ipea, 2022. Disponível em <https://repositorio.ipea.gov.br/bitstream/11058/11199/1/td_2764.pdf>. Acesso em 27/3/2025.

IBGE. "Produção Agrícola Municipal (PAM)". 2017. Disponível em <https://sidra.ibge.gov.br/pesquisa/pam/referencias>. Acesso em 27/3/2025.

OLIVEIRA, D. V. & GASQUES, J. G. "Produção e economia regional". *In*: VIEIRA FILHO, J. E. R. *Diagnóstico e desafios da agricultura brasileira*. Brasília, Ipea, 2019.

RIBEIRO, C. "Trajetória da produtividade agrícola brasileira: um histórico da produção de grãos no país". *Blog Sensix*, 2021. Disponível em <https://blog.sensix.ag/trajetoria-da-produtividade-agricola-brasileira-um-historico-da-producao-de-graos-no-pais/>. Acesso em 27/3/2025.

SHAHBANDEH, M. "Soybean production worldwide 2012/13-2024/25, by country". 2025. Disponível em <https://www.statista.com/statistics/263926/soybean-production-in-selected-countries-since-1980/>. Acesso em 24/6/2025.

VIEIRA FILHO, J. E. R. "Indicadores de produtividade e sustentabilidade do setor agropecuário brasileiro. Publicação preliminar". *Nota Técnica n. 29*. Brasília, Ipea, 2021. Disponível em <https://repositorio.ipea.gov.br/handle/11058/11106>. Acesso em 27/3/2025.

ZAFALON, M. "Brasil eleva presença no agro e lidera exportação de dez produtos". *Folha de S. Paulo*, Vaivém das Commodities, 9/1/2024a.

___. "Com Avanço do Brasil, EUA perdem participação mundial no Agro". *Folha de S. Paulo*, Vaivém das Commodities, 16/1/2024b.

Conclusões

Este livro, como mencionado antes, é uma coletânea de textos de pesquisadores membros da Rede Innovagro. Vários desses trabalhos foram apresentados no Seminário Internacional do XIII Encontro da Rede, que aconteceu na Universidade de Zamorano, Honduras, em 27 e 28 de novembro de 2023.

O tema geral proposto foi "Novos paradigmas para a sustentabilidade e a segurança alimentar", mais especificamente as implicações dos novos paradigmas éticos, científicos e sociais na transformação sustentável dos sistemas alimentares que garantem a alimentação da população mundial. O objetivo do seminário foi prospectar o potencial transformador da abordagem sistêmica da vida, das ciências ecológicas, do modelo finito de crescimento e das inovações sociais para a sustentabilidade e a segurança alimentar.

Os capítulos deste livro refletem, de muitas maneiras, o conjunto de informações e inquietações presentes na agricultura moderna, além do uso cada vez mais intenso do conhecimento científico, exemplificado por novas variedades, mais adaptadas e mais produtivas. Há também um desenvolvimento tecnológico sem precedentes, exemplificado pela agricultura em ambientes protegidos e pela agricultura de precisão.

Uma preocupação importante em diversos capítulos aqui publicados é com o produtor rural que vive do seu trabalho e precisa manejar a terra e os insumos do modo mais apropriado. Sem dúvida, as limitações financeiras representam um entrave, mas, em contrapartida, a pequena propriedade, ou agricultura familiar, configura uma oportunidade, principalmente quando associada ao indispensável conhecimento científico e tecnológico. O otimismo deriva do fato de que cada vez mais produtores rurais, com inovação, são promotores de uma economia sustentável e da segurança alimentar.

Esses avanços científicos e tecnológicos hoje também incorporam, de várias formas, a preocupação com as mudanças climáticas, a saúde do ambiente de produção e as pessoas. Na atualidade, é crescente o número de consumidores, sobretudo daqueles com maior poder aquisitivo, que buscam por produtos orgânicos, produtos com menos agrotóxicos, sem mão de obra explorada, ou seja, produtos saudáveis em seu conceito mais geral. O consumidor moderno procura cada vez mais comprar saúde nos produtos agrícolas e, se possível, menos nas farmácias. Nesse sentido, deveria haver um interesse da medicina em se aproximar da agricultura sustentável, pois ambas têm objetivos convergentes.

Por fim, pode-se dizer ainda que os capítulos deste livro não estão alheios ao fato de que a agricultura do futuro busca maior harmonia entre dois mundos: na escala humana, a terra, o ambiente de produção e, no mais macroscópico, a Terra, o mundo em que vivemos. As mudanças climáticas e também a poluição de terras e oceanos representam uma ameaça real para a humanidade, que precisa reconciliar suas aspirações de vida com a saúde do meio ambiente.

Sobre os autores

Antonio José de Almeida Meirelles
Graduado e mestre em Engenharia de Alimentos pela Universidade Estadual de Campinas (Unicamp), e doutor em Engenharia de Processos pela Universidade Martin Luther (Alemanha) e em Economia pela Unicamp. É professor titular da Faculdade de Engenharia de Alimentos da Unicamp, onde foi reitor de abril de 2021 a abril de 2025. Atualmente é membro do Conselho Superior da Fundação de Amparo à Pesquisa do Estado de São Paulo (Fapesp).

Antonio Silva Gómez
Mestre em Economia Agrícola pela Universidade Purdue (EUA). Possui experiência em processos participativos para identificar problemas e potencialidades locais e regionais com o objetivo de projetar, gerenciar, executar e avaliar iniciativas grupais. Atualmente é especialista em Pesquisa e Inovação Tecnológica Agrícola no escritório do Instituto Interamericano de Cooperação para a Agricultura (Iica) em Honduras.

Daniela Méndez-Valencia
Graduada em Engenharia de Inovação Agrícola Sustentável pelo Instituto Tecnológico Nacional do México. Possui destacada experiência em pesquisa de campo em fitorremediação da água e do solo, além de contribuições significativas no melhoramento de variedades da cana-de-açúcar e no desenvolvimento de produtos inovadores no pós-colheita. Atualmente, ocupa o cargo de gerente da equipe de pesquisa sobre dados agronômicos e sustentabilidade de *commodities* da Agtools.

Diego Montenegro Ernst
Graduado em Administração de Empresas pela Universidade do Estado do Arizona (EUA), mestre em Agronegócio pela mesma instituição e doutor em Economia pela Universidade Internacional Atlântica (EUA). Atualmente é o representante do escritório do Instituto Interamericano de Cooperação para a Agricultura (Iica) no México e coordenador de Assuntos Especiais para a Região Norte. Foi ministro da Agricultura da Bolívia. É coautor de vários livros e artigos em revistas e na imprensa, bem como orador e expositor em fóruns e oficinas internacionais.

Francine Brossard Leiva
Graduada em Economia Agrícola pela Universidade do Chile, com diploma de estudos avançados (DEA) em Desenvolvimento Rural pelo Instituto Agronômico Paris-Grignon (França), mestre em Economia Agrícola e Tecnologia de Alimentos, Alimentação, Nutrição e Bem-Estar Geral pela Universidade do Chile. É diretora-executiva da Fundação para a Inovação Agrária (FIA), do Ministério da Agricultura do Chile. Trabalhou na Divisão Conjunta de Agricultura Cepal-FAO das Nações Unidas e com consultoria em Tecnologias da Informação e da Comunicação Rural para o Banco Mundial, a Cepal, a FAO e o Instituto Interamericano de Cooperação para a Agricultura (Iica), assessorando vários países da América Latina e da África francófona.

Jennifer Sanchez-Pardo
Graduada em Engenharia Agronômica pela Universidade dos Llanos (Colômbia) e doutoranda em Planejamento Territorial e Desenvolvimento Sustentável pela Universidade Nacional de Cuyo (Argentina), com bolsa do Conselho Nacional de Investigações Científicas e Técnicas (Conicet). Professora adjunta da Universidade Nacional de Cuyo, possui experiência em assistência técnica rural, planejamento e implementação estratégica de economia circular. Atua ainda como instrutora em agricultura orgânica. É consultora na área de sustentabilidade para a Agtools.

Jesús Barajas-Prado
Graduado em Gestão Empresarial com especialidade em Agronegócios pelo Instituto Tecnológico Superior de Los Reyes (México). Trabalhou com pesquisa e análise de dados relacionados à agricultura e ao abastecimento de alimentos, com foco na otimização da cadeia de suprimentos e na melhoria

da eficiência agrícola na Agtools. Além disso, participa de programas inovadores para desenvolver procedimentos de incremento da qualidade pós-colheita, implementando práticas e padrões que beneficiem a indústria agrícola, bem como produtores e consumidores.

Lola de Toro Jordano
Doutora em Engenharia Agronômica pela Universidade de Córdoba (Espanha), é responsável pela direção-gestão do Campus de Excelência Internacional Agroalimentar (ceiA3), composto de cinco universidades andaluzas. Anteriormente, foi funcionária pública e chefe do Serviço de Qualidade e Promoção do Conselho de Agricultura da Andaluzia. Foi membro de diferentes grupos de trabalho e grupos focais promovidos pelas administrações públicas no setor agroalimentar, orientou teses de doutorado e participou em cerca de 30 projetos no âmbito agroalimentar, além de suas palestras e publicações.

Lourdes Medina Hernández
Graduada em Medicina Veterinária pela Universidade Federal de Santa Maria (UFSM) e mestre em Epidemiologia pela Universidade Nacional Autônoma da Nicarágua. Possui ampla experiência em Sistemas de Vigilância Epidemiológica e temas relacionados a medidas sanitárias e fitossanitárias. Atualmente é especialista em Sanidade Agropecuária e Segurança Alimentar no escritório do Instituto Interamericano de Cooperação para a Agricultura (Iica) em Honduras.

Luís Augusto Barbosa Cortez
Graduado em Engenharia Agrícola pela Universidade Estadual de Campinas (Unicamp), mestre pela Universidade de Laval (Canadá) e doutor pela Universidade do Texas (EUA). Professor titular da Faculdade de Engenharia Agrícola da Unicamp, é colaborador do Centro de Planejamento Energético dessa mesma universidade, onde também atuou como coordenador de Relações Internacionais e vice-reitor de Relações Internacionais. Organizou vários livros sobre biocombustíveis e é um dos vice-presidentes da Rede Innovagro.

Manuel Torralbo Rodríguez
Graduado e doutor em Ciências com ênfase em Matemática pela Universidade de Córdoba (Espanha). Atualmente é presidente da Rede Innovagro e reitor da Universidade de Córdoba, além de catedrático no Departamento de Matemática dessa universidade. É presidente do Campus de Excelência

Agroalimentar Internacional (ceiA3) desde julho de 2022. No sistema universitário andaluz, foi diretor-geral de Universidades e secretário-geral de Universidades, Pesquisa e Tecnologia do governo regional da Andaluzia.

Marco Antonio Herrera Oropeza
Graduado em Administração pela Universidade Tecnológica do México, com MBA em Administração e Gestão de Empresas pelo Instituto de Tecnologia e Ensino Superior de Monterrey (México). Atuou como servidor público e consultor em competências trabalhistas, capacitação e extensionismo rural, cadeias de valor agroalimentares, inovação e empreendedorismo em *agtech*, desenvolvimento empresarial e desenho e implementação de políticas públicas no setor agroalimentar. É secretário técnico na Coordenação Geral de Agricultura do Ministério da Agricultura e Desenvolvimento Rural do México.

Marco Antonio Roldán González
Graduado em Engenharia Agronômica pela Universidade da Costa Rica. É diretor-geral do Programa de Reforma Agrária em Laurel, zona Sul da Costa Rica, do Instituto de Terras e Colonização (Itco); diretor do Projeto de Irrigação, Moracia, Guanacaste; gerente de plantio de 300 hectares de macadâmia e da instalação da usina de processamento; diretor do Conselho Nacional de Produção, região Sul da Costa Rica; e, atualmente, codiretor da Fudesemillas para produção e comercialização de sementes forrageiras, ração animal e chocolate.

Marco Tulio Fortín Urrutia
Mestre em Desenvolvimento Comunitário Internacional pela Universidade do Sul de New Hampshire (EUA), com MBA pelo Instituto Centro-Americano de Administração de Empresas (Costa Rica), e doutor em Gestão do Desenvolvimento pela Universidade Nacional Autônoma de Honduras. Suas áreas de interesse incluem agricultura familiar, desenvolvimento rural territorial e adaptação da agricultura às mudanças climáticas. É coordenador técnico do escritório do Instituto Interamericano de Cooperação para a Agricultura (Iica) em Honduras.

Martha Montoya-Alvarado
Graduada em Biologia e Química pela Universidade La Salle (Colômbia). Fundadora e atual CEO da consultoria agrícola global Agtools. Com mais

de 30 anos de experiência em telecomunicações, eletrônica, agricultura e cadeia de suprimentos, começou na agricultura fornecendo *commodities* das Américas para a Nova Zelândia, a Austrália e a Tailândia. Trabalhou com agricultores, governos e compradores em vários países, estabelecendo linhas de produção e orientando colheitas. Participou de programas de impacto social, como financiamento para mulheres agricultoras no México e oferta de crédito para pequenos agricultores na Califórnia.

Roberto Donato da Silva Júnior
Graduado em Ciências Sociais pela Universidade Estadual Paulista "Júlio de Mesquita Filho" (Unesp), mestre em Sociologia pela mesma instituição e doutor em Ambiente e Sociedade pela Universidade Estadual de Campinas (Unicamp). Na Unicamp, é professor do Núcleo Geral Comum da Faculdade de Ciências Aplicadas e da pós-graduação em Ambiente e Sociedade do Instituto de Filosofia e Ciências Humanas, e foi coordenador do Hub Internacional para o Desenvolvimento Sustentável e presidente do Comitê Assessor de Sustentabilidade. Atualmente é editor adjunto da revista *Ambiente & Sociedade*.

Rosemary Sylvester Bradley
Graduada em Microbiologia do Solo pela Universidade do País de Gales e doutora em Microbiologia pela Universidade de Edimburgo (Escócia). Trabalhou em transformações microbiológicas de nitrogênio e fósforo em solos e plantas aquáticas amazônicas no Instituto Nacional de Pesquisas da Amazônia (Inpa) e fixação de nitrogênio, inoculação de rizóbios em leguminosas forrageiras e nitrificação em solos sob diferentes gramíneas no Centro Internacional de Agricultura Tropical (Colômbia). É codiretora da Fudesemillas para produção e comercialização de sementes forrageiras, ração animal e chocolate em San Isidro de El General, Costa Rica.

Santiago José Arguello Campos
Graduado em Engenharia Agroindustrial pelo Instituto de Tecnologia e Ensino Superior de Monterrey (México), possui ampla experiência no setor agroalimentar, atuando em organizações não governamentais, governo federal e iniciativa privada. Trabalhou na concepção e implementação de políticas públicas e de programas bem-sucedidos voltados à preservação de recursos naturais e agrobiodiversidade em diferentes culturas e cadeias de suprimentos. Atualmente é coordenador-geral de Agricultura da Secretaria de Agricultura

e Desenvolvimento Rural do México e membro do Comitê Diretivo da Coalizão de Agroecologia.

Santiago Vélez León

Graduado em Engenharia Agropecuária pela Universidade das Forças Armadas (Equador), mestre em Gestão do Agronegócio pela Universidade da Costa Rica e doutor em Estratégia e Liderança pela Universidade Internacional Atlântica (EUA). Possui ampla experiência em formulação, implementação e avaliação de projetos de desenvolvimento e modernização institucional. Atualmente é representante do Instituto Interamericano de Cooperação para a Agricultura (Iica) em Honduras.

Sergio Luiz Monteiro Salles Filho

Graduado em Engenharia Agronômica pela Universidade Federal do Rio de Janeiro (UFRJ), mestre em Ciências Agrárias pela Universidade Estadual Paulista (Unesp-Botucatu) e doutor em Economia pela Universidade Estadual de Campinas (Unicamp), onde é professor titular do Instituto de Geociências. Foi pesquisador visitante no Instituto de Pesquisa em Inovação de Manchester, Inglaterra. Atua em pesquisa e extensão em planejamento de ciência, tecnologia e inovação, avaliação dos impactos de programas, políticas e organizações, e com prospecção e apoio à tomada de decisão em pesquisa, desenvolvimento e inovação.

Título	Novos paradigmas para a sustentabilidade e a segurança alimentar
Organização	Luís Augusto Barbosa Cortez Sergio Luiz Monteiro Salles Filho
Tradução	Beatriz Marchesini
Coordenador editorial	Ricardo Lima
Secretário gráfico	Ednilson Tristão
Preparação dos originais	Sindia Siqueira
Revisão	Laís Souza Toledo Pereira
Editoração eletrônica	Ednilson Tristão
Design de capa	Estúdio Bogari
Formato	16 x 23 cm
Papel	Avena 80 g/m^2 – miolo Cartão supremo 250 g/m^2 – capa
Tipologia	Minion Pro / Garamond Premier Pro
Número de páginas	208

ESTA OBRA FOI IMPRESSA NA GRÁFICA CS
PARA A EDITORA DA UNICAMP EM SETEMBRO DE 2025.